儿童时间管理全书

甘开全 —— 著

古吴轩出版社
中国·苏州

图书在版编目（CIP）数据

儿童时间管理全书 / 甘开全著. -- 苏州：古吴轩出版社，2018.8（2022.6重印）
ISBN 978-7-5546-1175-3

Ⅰ. ①儿… Ⅱ. ①甘… Ⅲ. ①时间－管理－儿童读物 Ⅳ. ①C935-49

中国版本图书馆CIP数据核字（2018）第149562号

责任编辑：蒋丽华
见习编辑：顾　熙
策　　划：马剑涛
装帧设计：润和佳艺

书　　名：	儿童时间管理全书
著　　者：	甘开全
出版发行：	古吴轩出版社
	地址：苏州市八达街118号苏州新闻大厦30F
	电话：0512-65233679　邮编：215123
印　　刷：	唐山市铭诚印刷有限公司
开　　本：	880×1230　1/32
印　　张：	6
字　　数：	86千字
版　　次：	2018年8月第1版
印　　次：	2022年6月第4次印刷
书　　号：	ISBN 978-7-5546-1175-3
定　　价：	42.00元

如有印装质量问题，请与印刷厂联系：022-69236860

前言

"儿童的时间应当安排满种种吸引人的活动,做到既能发展他的思维,丰富他的知识和能力,同时又不损害童年时代的兴趣。"对于儿童时间管理,苏联著名教育实践家和教育理论家苏霍姆林斯基如是说。

苏霍姆林斯基认为,在儿童的时间管理上,老师和家长可以多安排一些丰富诱人的活动,以达到发展儿童的思维、知识、能力和兴趣等多重效果。不过,很多家长都没有做到,而且在儿童时间管理问题上还出现了不少"危机"。

"孩子早上起不来""孩子做作业拖拖拉拉""孩子吃个饭要花半天时间""孩子觉得生活很无聊"……家长

们的这些抱怨充斥着朋友圈、各大亲子论坛和自媒体平台。

其实，家长们的这些问题，都可以归属为儿童时间管理问题。本书从孩子的日常生活和行为、心理特点出发，从多个方面深入浅出地解析了儿童的时间管理问题。

时间是宝贵的，孩子由于年幼，对时间既不理解，也无感知。所以，家长要帮助孩子树立起正确的时间观念，让他认识到时间管理的重要性，以及珍惜时间和遵守时间是一种美德。

孩子在日常生活中懒散、拖拉，坏习惯多多，让家长急躁又烦恼。因此，家长要引导孩子高效做事、摆脱依赖，改掉赖床、吃饭拖拉等坏习惯。

合理的作息安排，可以让孩子的生活更有规律，同时他在时间管理上也会得到更好的监督。为此，父母要引导孩子学会制订日程安排，学会罗列事务清单，估算所需时间，等等。

学习占据了孩子生活的很大一部分时间，所以做好时间管理，很重要的一点就是做好学习时间的管理。父母要引导孩子提高学习效率，让孩子学会排除干扰、化繁为简、化苦为乐。

　　孩子不懂得自律，就容易分散注意力，被时间牵着鼻子走。所以，父母要引导孩子学会自律，从被动接受监督到主动自我管理，真正成为时间的主人，在有效的时间内完成自己的目标，完成更多有意义的事情。

　　随着年龄的增长，孩子面对的事情越来越多，这就需要他们做出分析和判断，决定先做哪件事后做哪件事。为此，父母要引导孩子学会分清轻重缓急，学会排序管理。

　　时间要用得少，就要用得"巧"，孩子不懂如何规划时间，就很容易降低效率，浪费更多的时间。为此，父母要引导孩子学会统筹时间，先想好再行动，在最短的时间内完成最多的任务。

　　孩子做到劳逸结合才能提高生活质量与学习效率，所以父母要引导孩子培养自己的兴趣，探索新鲜事物，让孩子的课余时间变得丰富、充实而有意义。

　　本书通过生动有趣的案例故事和简明扼要的实践方法，帮助广大家长解决儿童时间管理的问题。一册在手，儿童时间管理不用愁。衷心地希望《儿童时间管理全书》这本书能帮助越来越多的孩子学会时间管理，成为时间的真正主人，最终获得成功而快乐的人生。

目录

第1章

教孩子认识时间，并明白时间管理的重要性

今天，就跟孩子一起找出"时间神偷" — 003

借孩子生日说事，告诉他时间一去不复返 — 007

让孩子感受父母紧张有序的工作节奏 — 011

告诉孩子守时是一种美德 — 015

第2章

改变不良习惯，孩子做事才有效率、有成果

孩子爱赖床，一天计划被耽误 — 021

孩子午休时间没规律，作息全打乱 — 026

孩子吃饭既拖拉又掉渣 — 030

孩子穿衣服磨磨蹭蹭，坐等父母帮忙 — 035

孩子边洗澡边玩，不专心导致效率低 — 039

第3章

家庭作息表——孩子作息规律的"监督员"

制订家庭作息表，大人小孩都共同遵守 —— 045

让孩子做好个人作息表 —— 052

作息表制作好后，要严格执行 —— 057

根据条件变化，适时对作息表做出调整 —— 061

第4章

学习慢半拍，这几招轻松提高孩子的学习效率

孩子不专心听讲，用生动课堂拉回他的注意力 —— 067

创造良好环境，赶走孩子的作业"拖延症" —— 071

用对方法陪孩子写作业，孩子写得又快又好 —— 076

开展家庭手工比赛，激发孩子的竞争意识 —— 082

为孩子寻找一起学习的小伙伴，互相促进效率高 —— 086

第5章

严于律己，时间管理离不开孩子的自律

适当放手，让孩子自主管理时间 —— 091

让孩子心中的目标唤醒他自主管理时间的热情 —— 095

把大目标拆分为小目标，孩子更容易按时执行 —— 099

孩子不专注，花再多时间也无法克服困难 —— 103

第6章

理清头绪，做事之前需分轻重缓急

同时遇到多件事情时，家长要教孩子学会"排排做" —— 109

既重要又紧急的事，需要马上处理 —— 113

重要但不紧急的事，仍需提前准备 —— 118

紧急但不重要的事，可以找别人帮忙 —— 122

既不重要也不紧急的事，可以等有时间再做 —— 125

第7章

合理规划，让孩子感受时间统筹的魅力

让孩子先想好再行动，能最大限度地节省时间 —— 131

让孩子学会算计时间，做好事情的先后顺序安排 —— 136

时间统筹的魅力：在同一时间完成一系列的事情 —— 141

让孩子学会安排自己一天的行程 —— 145

第8章

劳逸结合，让孩子的课余时间更加丰富充实

培养兴趣，让孩子从中收获快乐 —— 151

在家里营造氛围，让孩子陶醉在自己感兴趣的事情中 —— 156

依据学校的课程安排，给孩子制订假期日程表 —— 161

节假日的日程可轻松些 —— 165

在零碎时间里，教孩子做一些有意义的事情 —— 170

告诉孩子父母不在时怎么安排时间 —— 174

CHAPTER 1

第1章

教孩子认识时间,并明白时间管理的重要性

时间是宝贵的，但孩子由于年幼，对时间既不理解，也无感知。所以，家长要帮助孩子树立起正确的时间观念，让他认识到时间管理的重要性，以及珍惜时间和遵守时间是一种美德。

第1章

今天,就跟孩子一起找出"时间神偷"

周六晚上,妈妈回到家中后,在屋里环顾了一周。

"早上我叫你收拾房间,怎么到现在还没有做?"妈妈发现悦悦没有按要求收拾自己的卧室,生气地说。

悦悦低着头,偷瞄了妈妈一眼,争辩说:"我也想收拾房间,没想到今天的时间过得太快,我根本来不及做!"

"没时间?从早上8点到晚上8点,整整12个小时,你还说没有时间,你的时间被谁偷走了?"妈妈叉着腰问道,显然火气未消。

"哎呀,你们不要吵了,我们一起来看看是谁偷走了悦悦的时间！"爸爸从书房里出来，在电脑上打开当天的监控录像，录像里清楚地记录了悦悦这一天的活动。

原来，悦悦早上起来就发现自己的卧室里被单、玩具、绘本乱作一团，可是她说："等我看完电视再收拾。"

悦悦来到电视机前，看了一集又一集动画片。她上午的时间被电视机偷走了。

午饭过后，悦悦趴在床上玩手机游戏，小手在手机屏幕上划来划去，乐此不疲。她中午的时间被手机偷走了。

悦悦上完洗手间，又打开电脑看动画电影，不知不觉两部电影看下来，就到了晚上。她下午和晚上的时间都被电脑偷走了！

"啊，我明白谁是'时间神偷'了，是电视机、手机和电脑这三个家伙偷走了咱家悦悦的时间！"爸爸说。

"没错，明天我们要帮悦悦把时间偷回来！我们只要给'时间神偷'断电，它们就偷不了时间了。"妈妈马上明白了爸爸的用心，配合地说。

第1章

第二天,悦悦很自觉地把电视机、手机和电脑关掉,并把自己的房间收拾得干干净净。爸爸妈妈都夸她是真正的"时间神偷",能把自己的时间及时偷回来。

贪玩是孩子的天性。在上面的故事中,爸爸妈妈通过查看监控录像的方式,让悦悦发现自己的时间都被电视机、手机和电脑偷走了。

英国浪漫主义诗人拜伦曾经说过:"没有方法能使时钟为我敲已过去了的钟点。"时间如流水,一去不复返,培养儿童的时间观念,是家庭教育中不可缺少的一个环节。

如果孩子天天都在抱怨没有时间,父母该怎么办?以下几点实用的建议值得父母们借鉴:

1. 追踪孩子一天,看他们的时间都被谁偷走了

孩子由于年纪小,对时间缺乏概念,没有珍惜时间的意识。父母可以利用周末的时间,好好看他的时间都用在哪

里，然后根据实际情况做出一些调整。比如孩子看电视、玩游戏的时间太长，父母应该缩减这些时间，以安排其他户外锻炼活动。

2. 不要因为心疼、不忍，偷走孩子的时间

孩子早上起床，父母应该引导他们尽快完成穿衣服、刷牙、吃早餐、上学等一系列的活动。可是，有些父母因为心疼、不忍，认为孩子正在长身体，可以多睡一会儿，不用起这么早，无形之中，父母就变成了"时间神偷"。

3. 给孩子一些缓冲时间，让他们从做喜欢的事转到做不喜欢的事

有些孩子晚上玩手机玩得不亦乐乎，根本不想去洗澡。这时父母可以对他说："再给你5分钟时间，之后你就要去洗澡，否则就要没收手机喽。"缓冲时间过后，孩子的敌对情绪慢慢消失，自然会从做喜欢的事情转到做不喜欢的事情。

第1章

借孩子生日说事,告诉他时间一去不复返

圣诞节这天,小兰家正在举办生日派对。

"今天是小兰的生日,也是妈妈的生日,今天我们家里有两位寿星!"爸爸高兴地说。

"祝你生日快乐,祝你生日快乐……"大家异口同声地唱起《生日歌》。

"许个愿吧!"妈妈说道。

"我希望我长得越来越高,妈妈越来越漂亮,爸爸越来越帅!"小兰灵机一动,说出了心中的愿望。

"太好了,这些愿望都会实现的。现在,请妈妈和小兰一

起吹灭蜡烛。"爸爸一边鼓掌一边说。

"呼——"小兰一口气把所有蜡烛都吹灭了,她挥舞着碟子和叉子要吃蛋糕了。

"小兰先别急着吃,你数一数,蛋糕上有几根蜡烛呀?"妈妈突然问道。

小兰指着蜡烛数起来:"1,2,3,4,5,6,共有6根蜡烛!"

"为什么去年过生日时,妈妈给你插了5根蜡烛,而今年过生日时却要插6根蜡烛呢?"妈妈问道。

"因为我6岁了,我又长大1岁了!"小兰开心地回答道。

妈妈脸上露出既喜悦又苦恼的表情:"是呀,今天小兰长大了1岁,可是妈妈又老了1岁。"

小兰有点担心地说:"那我就不要长大了,我还是喜欢小时候的样子,我现在就拔掉1根蜡烛,就可以不用长大了。"

妈妈摸着小兰的头说:"傻孩子,哪里有长大了又变回去的道理,时间就像流水一样,流走了就不会回来了。你今天过完6岁生日,明年只能过7岁的生日了。"

"我不要你们变老!"小兰急得快要哭出来了。

"时间每时每刻都在流走,我们家小兰要做的,就是珍惜时间,努力学习,掌握本领,将来才能过上更好的生活。现在大家快吃蛋糕吧。"爸爸总结道。

小兰和爸爸妈妈边吃蛋糕边做游戏,窗外依然飘着雪,但屋里却温暖如春……

时间具有不可逆性,它一去不复返,一天之内不会有两个早晨,人生中最美好的童年时光也不会重来。东晋诗人陶渊明说:"盛年不重来,一日难再晨。及时当勉励,岁月不待人。"在上面的故事中,小兰的爸爸妈妈借生日说事,希望孩子能珍惜时间,努力学习,长大之后即使没有父母的照顾也能独立地生活。

那么,平时父母应该怎么引导孩子珍惜时间呢?请记住下面几点:

1. 给孩子买个闹钟，将模糊的时间变成准确的时间

很多时候，孩子浪费了时间，自己还浑然不觉，这是因为他不能理解"一会儿""马上""大半天"等模糊的时间概念。因此，父母可以引导孩子玩一玩给闹钟定时的游戏，比如设定"5分钟后响铃"，当闹钟响起时，孩子就知道"已经过了5分钟"。当孩子对时间有了清晰的感知之后，时间变得准确了，他才能意识到时间的流逝，从而学会珍惜时间。

2. 在家里执行"叫号制"，过期不候

为了强化孩子的时间观念，父母可以采取一些措施，适当地让孩子承担不珍惜时间的后果。比如，父母可以参考银行的做法，在家里执行"叫号制"，过期不候。妈妈做好饭菜就开始叫号："01号，爸爸过来吃饭！"爸爸迅速去拿碗吃饭。接着妈妈又叫："02号，宝贝过来吃饭！"如果孩子磨磨蹭蹭，错过了规定的"取饭时间"，他的饭就要被爸爸妈妈瓜分，或者爸爸妈妈要安排其他活动了。

第1章

让孩子感受父母紧张有序的工作节奏

暑假中的一天,刚早上7点,爸爸就夹着公文,拉着10岁的儿子阿杰上了车,朝城郊的五金厂开去。在这个暑假里,阿杰的很多同学都去旅游或参加夏令营了,然而阿杰却被爸爸拉到厂里体验当"小老板"。

上午9点整,爸爸带着阿杰准时来到工厂会议室里,里面已经坐满了人。爸爸给阿杰使了个眼色,阿杰马上到角落找了个位置坐下。随后,爸爸上台演讲,演讲的内容较长,阿杰差点睡着了。这时,爸爸拍拍桌子提醒:"大家辛苦一下,我现在讲的都是工作中的重要注意事项。"

阿杰吓了一跳,马上端坐起来,认真听讲。

10点整早会准时结束，爸爸又带阿杰去巡视工厂，看看工人做工时的状态、机器运转的情况和发货的情况。

阿杰好奇地问："爸爸，您每天都能坚持这样做吗？"

"那当然了，都习惯了，一天当中什么时间做什么事情，我心里都有数。"爸爸微笑着说。

晚上7点整，10周年厂庆聚餐准时开席，饭店里摆了30桌。阿杰的爸爸拿着酒杯，一一向工人们敬酒，最后发言谈了工厂的发展前景。

晚上10点多，爸爸才带着阿杰回家。爸爸突然问："阿杰，你说说当老板有什么感受。"

"时间很紧张，一天到晚忙个不停。"阿杰总结道。

"是的。每个人每天都平等地拥有24小时，那些懂时间管理的人能创造很多价值，而那些不懂时间管理的人创造的价值是极少的，甚至会产生负价值。"爸爸微微一笑。

第1章

在上面的故事中，爸爸带着阿杰去工厂里感受紧张的工作节奏，阿杰能从中体会到，一天当中什么时间做什么事情应该早做计划安排，这样一切才能按部就班、有条不紊地进行。

在时间管理方面，如果父母不教，孩子是很难自己摸索出方法的。所以，父母要实现从榜样到教练的转变，在时间管理方面对孩子进行言传身教。

那么，父母的时间管理经验怎么才能传授给孩子呢？以下建议供大家参考：

1. 带孩子参观自己的工作场所，让孩子体验紧张的工作节奏

如果条件允许的话，父母可以带孩子到自己上班的地方去参观，让孩子亲身感受父母的工作状态，让孩子学一学父母是怎么安排时间，怎么区分事情的轻重缓急，怎么争取完成一天的工作的。在这样的环境中，孩子耳濡目染，时间观念就会得到增强。

2. 在日常生活中做雷厉风行的父母，给孩子做好榜样

父母永远是孩子最好的老师，是孩子成长中最容易模仿和学习的对象。所以，父母在日常生活中要养成惜时、守时的习惯，拿出工作时处事果断、高效、有条不紊的作风，这样在教育和引导孩子时才更具说服力。

第 1 章

告诉孩子守时是一种美德

秋天来了,公园里的枫叶红了,一阵风吹过,满树的红叶便簌簌作响,有的随风飘落到地面上。

"果果,准备好没有?我们说好今天上午9点一起去公园采集枫叶的!"同学妙妙来约果果去公园玩。

"你等我一下,我马上就来了。"果果喊道。

果果想到要出去玩,就得穿漂亮一些,于是她开始找衣服。可是,她越着急就越找不到令自己满意的衣服。

"算了,不换衣服了,就换鞋子吧。"果果来到鞋柜,翻来翻去,也没有找到称心如意的运动鞋。

儿童时间管理全书

"准备好没有？现在都9点半了，我要先走了。"妙妙不高兴地说。

等果果来到门口，发现妙妙已经走远了。果果伤心地哭起来，把事情的经过告诉了爸爸，并埋怨妙妙没有等她。

爸爸说："你们明明约定了出发时间，你却失约于人。你让妙妙白白等你那么久，就是不珍惜别人的时间，浪费了别人的时间。遵守时间是一种美德，你觉得你做得对吗？"

果果听了爸爸的话，不好意思地低下头，承认了自己的错误。

爸爸摸摸果果的头，笑着说："我现在教你一个好办法。下一次，你要和自己约定10分钟后出发，然后快速做好准备，这样就不会失约于人了。"

第二天上午8点50分的时候，爸爸提醒果果："10分钟后出发去公园，你准备好了吗？"

"对，10分钟后出发，我马上去准备，这次可不能失约了。"果果边说，边把衣服、鞋子、水壶快速找出来。当果果把一切都准备好的时候，爸爸已经来到了门口。

"果果，准备好没有？"爸爸叫道。

"准备好了，我们出发吧。"果果高兴地出门，爸爸妈妈跟在后面，为孩子"按约出行"而感到十分高兴。

在上面的故事中，第一次果果没有准时出门，结果同学没有等她，第二次她提前10分钟做准备，最终没有失约。孩子不守时，不按规定的时间做事，最终只会失信于人。

那么，父母怎么培养孩子守时的好习惯呢？可以参考以下几点建议：

1. 提前10分钟做准备，准时出发

当孩子与别人约定在某个时间去做某件事的时候，父母可以引导孩子提前10分钟做好一切准备，到了约定的时间就要采取行动，谁也不能拖后腿。例如，孩子与父母约定第二天上午10点去滑雪，到了第二天9点50分，父母就要提醒孩子

做好准备，10点准时出发。

2. 多讲一些守时的故事，让孩子明白守时是一种美德

孩子比较喜欢听故事，所以父母可以跟孩子讲一些关于守时的故事，比如德国哲学家康德为准时到达朋友家而买房修桥的故事，让孩子明白守时是一种美德。

3. 让孩子明白守时的好处和不守时的后果

有些孩子不守时，自己答应的事情，到了约定的时间还没有任何行动。这时，父母可以通过一些小的奖惩措施，让孩子明白守时的好处，以及不守时的后果。

CHAPTER 2

第2章

改变不良习惯,孩子做事才有效率、有成果

孩子在日常生活中懒散、拖拉，坏习惯多多，让家长急躁又烦恼。因此，家长要引导孩子高效做事、摆脱依赖，改掉赖床、吃饭拖拉等坏习惯。

第2章

孩子爱赖床，一天计划被耽误

"菲菲，该起床了！其他小朋友都去上学了，再不去上学，幼儿园就要关门了。"奶奶叫起来。

"嘘——"爸爸竖起食指抵在嘴巴上，然后小声说，"别急，我们家隔壁就是幼儿园，让菲菲多睡一会儿，现在她正在长身体呢！"

"是呀，反正现在去幼儿园也没有早餐吃了，让她继续睡吧，等下在家吃完早餐再过去。"妈妈也附和道。

就这样，菲菲一直睡着。

"哎呀，不好，菲菲赖床不起，现在又尿床了。"突然，奶奶叫起来。

"都怪你,谁让你不叫菲菲起床的,还不快点去洗床单。"妈妈埋怨爸爸。

"现在怪我了,你不是也让她多睡一会儿吗?"爸爸觉得很无辜。

"菲菲,该起床了,马上去换衣服,你不准时起床,所以才会尿床的。"妈妈说完,一把拉起菲菲。

可是,菲菲只是微微睁了一下眼,说:"我还想睡。"

"别睡了,本来你7点就要起床的,现在都9点了,你还想睡到什么时候?"爸爸把被单放到洗衣机里,催促道。

"哦,对了!今天你们幼儿园组织小朋友去春游,9点半校车就要出发了,你们还不快点去!"妈妈突然记起这件大事。

"再不走就来不及了。"爸爸看了看表。

于是,全家人都紧张起来,奶奶给菲菲换衣服,妈妈帮菲菲把书包整理好,爸爸帮菲菲准备饮用水、零食、零花钱等。可是,菲菲却心不在焉,一副似醒非醒的样子。

当爸爸抱着菲菲跑到幼儿园时,幼儿园里已空无一人。保安说:"你们来迟了,校车都开走了,小朋友都去春游了。"

在上面的故事中,正是由于父母的娇惯,菲菲早上才赖床不起,既尿床又错过了去春游的校车。

父母怎么解决孩子赖床的问题,怎么让孩子做到准时起床?以下几点建议值得父母们借鉴:

1. 家长要以身作则,早睡早起做好榜样

要想让孩子养成早睡早起、不赖床的习惯,父母要以身作则,做好榜样。父母不能晚上哄孩子睡觉,自己却拿着手机不放,也不能早上自己还睡着却催孩子起床上学。父母的这种做法会让孩子有种不公平的感觉,孩子会反问父母:"为什么只有我要去睡觉?为什么只有我要起床?"

2. 引爆孩子的兴奋点

孩子之所以早上赖床，是因为他不知道起床要做什么。这时，父母可以在孩子的耳边说点他感兴趣的话题，让孩子兴奋起来，他一兴奋自然就睡不着了。例如，爸爸可以对赖床的孩子说："快点起床，邻居家的小伙伴还等着你一起出去玩呢！"

3. 早上起来做前一天商量好的事

晚上睡觉之前，父母可以跟孩子商量好，第二天要几点准时起床，一起去做某件事情。例如，妈妈可以跟孩子商量说："明天早上我们要7点准时起床给花儿浇水，如果你赖床不起，花儿就要渴死了。"

4. 来点起床音乐做伴奏

父母在叫孩子起床的时候，可以用手机播放一些轻松欢快的音乐，比如孩子喜欢听的儿歌，来冲淡孩子因起床而引起的不快。

5. 保证孩子有足够的睡眠时间

一般来说，1～2岁的儿童每天要睡13～14个小时，2～4岁的儿童每天要睡12个小时，4～7岁的儿童每天要睡11个小时，7～15岁的儿童每天要睡9～10个小时。父母要合理安排孩子的午睡和晚睡时间，有了充足的睡眠时间，孩子精神饱满，才能按时起床。

儿童
时间管理
全书

孩子午休时间没规律，作息全打乱

在一个天气晴朗的周六，大型游乐场里充满了欢声笑语，小朋友们都玩得不亦乐乎！

"涛涛，今天是星期六，你想玩什么就尽情地玩吧。"爸爸笑着说。

"太好了！"涛涛挥舞着小手冲向旋转木马。

爸爸买完票，就带着涛涛去排队。排队的人很多，涛涛等呀等呀，终于轮到自己，他兴奋地爬上木马，随后木马旋转起来。涛涛兴奋地发出"驾，驾，驾"的声音，仿佛真的骑在马上驰骋一样。

转了十几圈旋转木马停下来，涛涛有点晕头转向。这时，

第2章

爸爸说："我们再玩一个刺激的——过山车！"

坐完过山车，已是下午1点左右，涛涛有点昏昏欲睡，他对爸爸说："爸爸，我有点困啦。"

"今天不用上学，应该好好玩一下，就别睡觉啦。我们再去坐碰碰车吧！"爸爸意犹未尽地说道。

接下来，爸爸又带着涛涛去玩了碰碰车、海盗船、雪滑梯等多个项目。直到天黑游乐场要关门了，爸爸才想起要回家了。

第二天，妈妈又带着涛涛逛了一整天街，也没有给涛涛安排午休的时间，结果晚上涛涛一回家倒头就睡，连晚饭都没有吃。

周一，幼儿园的老师打电话反映说："过了一个周末，涛涛的作息时间都乱了。吃饭的时候，他只顾着玩，结果错过了吃饭时间；睡午觉的时候，他却在床上跳来跳去，严重影响了其他小朋友休息；下午玩游戏的时候，他却躲在墙角睡觉……"

听了老师的一番话之后，涛涛的爸爸妈妈认真做了反省。

爸爸解释说:"哎呀,都怪我星期六带他去游乐场玩了一天,把作息时间全打乱了。"妈妈也诚恳地说:"也怪我,星期天没有按要求让孩子午休,结果孩子午休时间变得不规律。"

在上面的故事中,由于周末的时候涛涛的作息时间被打乱了,结果他在回到幼儿园之后,就不能像以前那样遵守正常的作息时间了。

孩子正处于长身体和培养作息习惯的关键阶段,所以午休是不能少的。孩子只有休息好,做到劳逸结合、张弛有道,才能获得身心的健康成长。

那么,父母应该怎么培养孩子良好的午睡习惯呢?以下几点可以遵照执行:

1. 在家坚持安排孩子午睡,以便让他形成条件反射

在家里,父母应当给孩子安排好一天的作息时间,让孩子吃饭、睡觉、学习都有一定的时间规律。到了午睡的时

间，父母要坚决停止当前的活动，让孩子午休，如此经过反复他就会形成条件反射。以后到午睡的时间，孩子就会产生睡意，并慢慢养成自动入睡的好习惯。

2. 加大活动量，增加孩子的疲倦感

如果孩子中午不睡觉或者不准时睡午觉，父母可以在上午的时候调整活动内容，加大孩子的活动量，让孩子产生疲倦感。例如，上午除了安排读书、认字、画画等学习活动，还可以安排跑步、打篮球、踢毽子、跳绳等体育活动，让孩子产生困倦感，等到中午休息的时间自然容易入睡。

3. 为孩子创造良好的睡眠环境

孩子午休的房间应该保持通风透气，避免外界干扰。如果天气太热可以适当开电风扇、空调来降低室内温度。如果天气冷，可以给孩子添加衣服，盖厚一些的被子。另外，孩子午休的时候，父母要尽量保持安静，并想办法隔断来自外界的噪声。

儿童
时间管理
全书

孩子吃饭既拖拉又掉渣

　　5岁的燕燕聪明活泼、爱唱爱跳，就是不爱吃饭，吃饭太拖拉，让父母很是心烦。

　　这天，妈妈去市场买了很多食材，准备做一桌好菜给燕燕补补。在餐桌上，有香喷喷的红烧鱼，有诱人的排骨，有绿油油的青菜，还有红色的胡萝卜番茄汤，真是让人垂涎三尺。

　　可是，燕燕却无动于衷，她正忙着玩发带，对桌上的这些菜视而不见。

　　"别玩了，快点吃饭吧。"爸爸发出了警告。

　　"妈妈辛辛苦苦做了这么多菜，你要尊重妈妈的劳动成果

第2章

呀,先来尝一口鱼吧。"妈妈给燕燕夹了一筷子鱼。

"妈妈,我不想吃饭!"燕燕看了一眼,似乎没什么食欲。

"不想吃也要吃,可不许浪费粮食!"爸爸一边吃饭一边催促道。

"是呀,什么都吃一点,营养才均衡。"妈妈鼓励地说。

在爸爸妈妈的"监督"下,燕燕硬着头皮端起饭碗慢慢吃了起来。不过,她吃得实在太慢了,半个小时过去了,爸爸妈妈已经吃完两碗饭了,可是燕燕碗里的饭好像没有动过一样。

"唉,你这样吃饭吃到明天都吃不完。"爸爸看不下去了,离席而去。

"要大口大口吃,妈妈来喂你。"妈妈耐心地喂她吃。

燕燕开始大口吃饭了,可是她总是吃到一半就吐出来,吐得桌子上到处都是饭和菜。

"这孩子!"妈妈快气晕了。

更要命的是,燕燕吃饭的时候会突然离开饭桌,边咀嚼边玩玩具,把饭菜吐得满地都是。

快两个小时过去了,燕燕嘴里还在嚼着菜,妈妈真不知道该拿她怎么办了。

在上面的故事中,燕燕不爱吃饭,吃饭拖拉,既让父母心烦又浪费粮食。孩子一旦养成吃饭拖拉的习惯,那么以后不论是学习还是做事都会受到影响。

那么,父母怎么解决孩子吃饭拖拉的问题呢?以下有几个秘诀:

1. 准时吃饭,不吃饭不能吃零食

父母可以规定每天吃饭的时间,例如早餐7点到7点半吃,午餐12点到12点半吃,晚餐在晚上6点到6点半吃。吃饭时间一到,全家人一起坐到餐桌前用餐,而且规定孩子必须在半个小时内吃完饭。吃饭期间,尽量少说话,父母也不要

给孩子喂饭。如果孩子不好好吃饭，过了吃饭的时间，即使他没有吃饱、肚子饿了，父母也不要让他吃零食。久而久之，孩子便会养成好好吃饭的习惯。

2. 让孩子参与做饭，调动他吃饭的积极性

如果孩子对父母做的饭菜不感兴趣，父母可以邀请孩子一起做饭。例如，让孩子陪着去超市挑肉、买菜、提水果，帮忙洗菜、切菜，等等。父母也可以教孩子做一些简单的菜，孩子参与做饭，会有一定的自豪感和成就感，进而爱上吃饭。

3. 让孩子真正感到饥饿，以促进他的食欲

父母用命令、恐吓、打骂的方式逼迫孩子吃饭，效果通常不佳。这时，父母可以增加孩子的运动量，促进他的肠胃消化，让孩子真正感到饥饿。等到了吃饭的时间，孩子自然就会好好地吃饭。

4. 让吃饭变得更有趣

有些孩子吃饭期间特别喜欢玩，父母可以根据孩子的这

个特点，不断增加吃饭的趣味性。父母可以给孩子准备颜色鲜亮的卡通碗筷，还可以把饭菜做成各种各样可爱的造型，这些视觉上的刺激都有助于增强食欲。另外，父母还可以给饭菜取各种新奇有趣的名字。

第2章

孩子穿衣服磨磨蹭蹭,坐等父母帮忙

春节期间,大街小巷都洋溢着过节的气氛。小朋友们纷纷穿上新衣,找大人领压岁钱,结伴出去玩耍。

"爸爸,妈妈,我要出去看电影!"小强也闹着要出去玩。

"出去玩可以,不过你要自己穿好新衣服才能出去。"爸爸坐在沙发上忙着用手机发红包。

"可是我不会穿衣服!"小强开始撒娇了,两只眼睛很无辜地望着妈妈,他多么希望妈妈能过来帮他穿好新衣服呀。

"你都读幼儿园大班了,还说自己不会穿衣服,别人会笑话你的。快,自己的事情自己做。"妈妈正忙着在镜子面前化妆呢。

"自己穿就自己穿,哼——"小强一边不情愿地开始穿衣服,一边喊妈妈帮忙,"妈妈,我的手卡住了出不来,妈妈快帮我一下!"

妈妈怕小强着凉,只好过来迅速帮他穿好棉衣。

在上面的故事中,小强原本是会自己穿衣服的,可是在春节期间,由于父母都在家里,他就有了依赖思想,什么都要等爸爸妈妈来帮忙。这样不但不利于独立性格的培养,还容易养成拖拉的习惯。

那么父母怎么培养孩子独立快速地穿好衣服的习惯呢?以下有几点建议:

1. 为孩子选择安全的、好穿的衣服

父母在给孩子挑选衣服的时候,一定要选择那些安全和好穿的衣服。

所谓安全的衣服，就是不会勒住或缠住孩子的衣服。例如，不穿卫衣，因为卫衣的绳子容易勒住孩子的脖子；不穿带拉链的裤子，以防止孩子拉拉链时夹住皮肤；不穿绑鞋带的鞋子，因为鞋带松开了，孩子容易踩到并摔倒。

所谓好穿的衣服，就是孩子用三个步骤就能穿好的衣服。例如圆领T恤，孩子一套头，左伸手，右伸手，三个步骤就可完成。如果穿衣服步骤太多或衣服的纽扣太多，孩子很容易就失去耐心。

2. 早上跟孩子进行穿衣服比赛

早上，父母可以跟孩子进行穿衣服比赛，并且父母要故意输给孩子，给予孩子一定的奖励。第二天，父母可以稍微穿得快一些，孩子为了得到奖励，也会穿得更快一些。通过这样的比赛，孩子穿衣服的速度就会变得越来越快。

3. 让孩子做生活小老师，教别人穿衣服

在二孩或者多孩家庭，父母可以让姐姐或者哥哥做弟弟妹妹的生活小老师，教他们如何独立快速地穿衣服。通过角

色扮演，孩子对穿衣服会更加有自信，更加有成就感。

4. 让孩子明白，他是在为自己做事而不是在为别人做事

平时父母要教育孩子，很多父母交代的事情，其实都是孩子自己的事情。例如，吃饭、穿衣、洗澡等，如果孩子自己不做，父母千万不能代劳，而应让孩子承担不做事所带来的后果。

孩子边洗澡边玩,不专心导致效率低

菁菁是个8岁的小女孩,长得水灵灵的。一天晚上吃完饭,菁菁就趴在桌子上玩拼图。到了晚上9点,爸爸对她说:"菁菁,该去洗澡了。"

"是呀,早点洗澡,早点睡觉,明天还要上学呢。"妈妈也催促道。

"知道了,不用你们催。"菁菁慢悠悠地把拼图一张一张地收到盒子里。

接着,菁菁打开自己的衣柜,想要拿换的衣服,可她发现没有一件衣服是称心如意的。就这样,她把整个衣柜都翻遍了,才找到一条合适的小花裙。

然后，菁菁裹着毛巾到了浴室里，妈妈已经给她准备好了一浴缸热水。妈妈说："你要快点洗呀，要不然水就凉了。"

"知道了，不用你们催。"菁菁撇撇嘴，让妈妈出去。

等到妈妈出去后，菁菁把浴室的门一关，把小黄鸭丢到水里，就开始玩起水来。

过了10分钟，妈妈觉得浴室里的动静不对劲，就跑进来查看。只见菁菁正蹲着玩小鸭子。

"你怎么还没有洗澡，不要再玩水了，你洗完之后爸爸妈妈还要洗澡呢，你要快一点。"妈妈催促道。

"知道了，不用你们催。"菁菁这才进了浴缸。

等妈妈出去之后，菁菁往水里加入洗发水然后迅速搅拌起来，结果浴缸里"长"满了水泡，而且还溢出来了。

又过了10分钟，妈妈开门进来查看，看菁菁正在玩泡泡，生气地说："叫你洗澡，你又在这里玩，水都变凉了，一会儿你该感冒了！"

最后，妈妈只好帮菁菁重新换了一缸热水，迅速地帮她洗完了澡。

在上面的故事中，爸爸妈妈叫菁菁去洗澡，她却在浴室里玩水，玩得甚至忘记了洗澡。很多孩子都是这样，做什么事情都边做边玩，无法专心，导致效率很低。

孩子做事边做边玩、没效率，容易给人留下不好的印象，而且会落后于人。所以，父母要帮助孩子从小培养专心、高效做事的好习惯。

那么，父母怎么提高孩子做事的效率呢？可遵照以下几点执行：

1. 引入趣味游戏，让孩子开开心心地做事

孩子大多喜欢游戏，而讨厌任务。所以，父母可以在孩子做事情的时候，设计一些趣味游戏，以让孩子保持兴奋的状态，这样往往会取得更好的效果。例如，孩子洗澡爱玩

水，父母可以跟孩子一起玩水，看谁能玩出更多花样，输了就要老老实实去洗澡，不能再玩了。

2. 引入竞争，让孩子学会与自己比赛

紧张、激烈的竞争往往能激发孩子高效办事的能力。例如，父母与孩子比赛，看谁刷牙刷得又快又好；父母与孩子比赛背诗，看谁背得又多又好。一般来说，父母故意输几次，有利于激发孩子的进取心。

另外，父母还要引导孩子跟自己比赛。例如，孩子第一天用了10分钟穿好衣服，第二天就设定8分钟穿好衣服，第三天再设定6分钟穿好。通过这样的训练让孩子不断挑战自己、超越自己，并感受到自己身上隐藏的巨大潜力。

CHAPTER 3

第3章

家庭作息表——孩子作息规律的"监督员"

合理的作息安排，可以让孩子的生活更有规律，同时他在时间管理上也会得到更好的监督。为此，父母要引导孩子学会制订日程安排，要学会罗列事务清单，估算所需时间，等等。

第3章

制订家庭作息表,大人小孩都共同遵守

林芯是7岁的小女孩,她既喜欢周末又害怕周末,因为周末爸爸妈妈不用上班,她也不用上学,可是一家人的作息却变得没有规律了。

"爸爸该起床了,我饿……"林芯在爸爸的脚板上挠痒痒。

"乖,再让我睡一会儿,我不想这么早起床。"爸爸翻过身去,继续打着呼噜睡觉。

"妈妈,快起床了!"林芯把嘴巴凑到妈妈的耳朵边大声叫起来。

"不要吵,我要好好补个美容觉。"妈妈睁开惺忪的睡眼,不一会儿又闭上了。

儿童
时间管理
全书

"爸爸妈妈,你们太懒了,早餐没人做,我快要饿死了。"林芯边说边摸着肚子。

"不如叫份外卖吧。"妈妈说完,拿起手机叫了份外卖,然后接着睡。

林芯左等右等不见外卖送来,肚子饿得咕咕叫。最后,爸爸和妈妈也饿醒了。

"还是泡方便面靠谱。"爸爸说道。

于是,一家三口就靠吃方便面来充饥。

"不行,不能这样过周末。"爸爸说。

"是呀,大家都睡懒觉,一天的生活全打乱了。"妈妈分析道。

"平常爸爸妈妈上班,我们还能吃到美味可口的早餐,可是到了周末就只能吃泡面了。"林芯也表示不满。

"不如这样,我们一起做一份家庭作息表,不论是工作日还是周末,不论是大人还是小孩,都共同遵守。"爸爸有了个主意。

"太好了。"妈妈和林芯都点头同意。

于是,林芯拿来一张表格,一边写上一天的活动安排,一边画上漫画,做成了一份简易作息表。自从有了这份家庭作息表,大家周末都不再赖床了,活动更加丰富了。

在上面的故事中,林芯一家的周末过得很糟糕,因为他们没有作息时间表的约束,大家都在睡懒觉,一天的生活也打乱了。后来,林芯一家制订了家庭作息表,才改变了这种状态。

制订出合理的家庭作息表,可以让孩子养成良好的生活习惯,从而自由支配更多的时间。

那么,如何制订家庭作息表呢?下面几点建议值得参考:

1. 与孩子一起制作漫画版家庭作息表

每个家庭都应该依据自身情况制作作息表,不要千篇一律。作息表的内容应该包括孩子的基本活动(一日三餐)、体能活动、学习活动、休息时间和自由支配的时间。为了增加作息表的吸引力,父母可以在作息表上画上一些漫画,这样孩子一看漫画,不用看字就知道该做什么了。

2. 与孩子一起制作表格版家庭作息表

父母可以参照下表,与孩子一起制订作息表,时间和内容可依据实际情况进行调整。

年龄	作息内容
0~6岁幼儿	7:00 早起(穿衣、整理) 7:30 个人卫生(洗漱、上厕所) 8:00 上幼儿园(或学习时间) 12:00 吃午饭 13:00~14:30 午休 15:00 自由玩耍时间 16:30 幼儿园放学时间(或体育锻炼) 18:00 晚餐 20:00 亲子阅读时间 21:00 互道晚安、睡觉

续表

年龄	作息内容
7~13岁小学生	7:00 早起、个人卫生 7:30 吃早餐 8:00~12:00 上午学习时间 12:00 放学吃午饭 13:00~14:00 午休 14:00~17:00 下午学习时间 17:00 放学、与伙伴玩耍的时间 18:00 吃晚饭、家务 19:00~21:00 做作业 21:00~22:00 个人阅读时间 22:00 睡觉

3. 从每天版到每周版家庭作息表

如果作息表每天都是一样的内容，就制订每天版；如果作息表每周都是类似的内容，但每天的活动略有不同，就制订每周版。例如，孩子一周之内要参加不同的兴趣班，有武术、围棋、珠心算等，因为每天都不一样，所以最好引导孩子制订每周版家庭作息表，安排周一做什么、周二做什么……周日做什么。

4. 合理安排平行时间、交叉时间和共同时间

为一家人制订家庭作息表，要注意合理安排大人和孩子的平行时间、交叉时间和共同时间。

平行时间，指在某时间段内大人和孩子各自做事，相互不干扰；交叉时间，指在某时间段内大人和孩子在各自做事时，相互协助；共同时间，指在某时间段内大人和孩子共同做一件事，分工合作。

例如，周日下午的时间，父母和孩子一起打扫卫生，孩子扫地，妈妈拖地，爸爸擦桌子。这就属于共同时间，大家需要分工合作，所以在作息内容中要备注每个人具体做什么事情。

5. 作息表安排要有紧有松

一份规范的作息表，应该既有紧张的时间安排，又有

放松的时间安排，正所谓"张弛有道"。因此，父母在引导孩子制订作息表时，要坚持适度的原则，紧张要有紧张的样子，放松也要有放松的限度。

例如，孩子早上上学的时间较为紧张，在这段时间里，父母要引导孩子迅速做完起床、穿衣、洗漱、吃早餐等事情。晚上孩子放学回到家如果没什么作业，父母可以安排一些放松的活动，比如散步等。

让孩子做好个人作息表

9月1日早晨,7岁的凌铁背着新书包,穿着新校服开开心心地上小学了。可是,新鲜感没维持几天,凌铁就不愿意上学了。

"爸爸,我不想上学了。我感觉小学的节奏太快了,每天要上很多不同的课,还有一大堆作业,我的脑袋都快要炸了。"凌铁抱怨起来。

"你的心情我能理解,幼儿园松散的作息表已经不适用于小学的学习生活了。我们得制订新的作息表。"爸爸分析道。

"我们制订作息表干吗?学校不是有课程表吗?"凌铁拿出学校的课程表,上面写满了周一到周五所上的课。

"这个课程表是给全校师生看的,你制作的个人作息表是给你一个人看的,当然不同了。"爸爸耐心地说,"在校版作息表,可以帮助你争分夺秒地学习,在家版作息表可以帮助你自由安排你的兴趣爱好。"

"这么厉害?"凌铁挠着后脑勺,表示怀疑。

后来,爸爸、妈妈指导凌铁制作了在校版个人作息表和在家版个人作息表,把各种闲暇时间都巧妙利用了起来。凌铁由于科学地安排了学习时间和休息时间,渐渐地适应了小学生活。

在上面的故事中,凌铁从幼儿园升入小学,课程和作业越来越多,感到很不适应,后来通过制作个人作息表,慢慢适应了小学快节奏的生活。

那么,父母怎么引导孩子制订好个人作息表呢?下面是经过实践验证的做法:

1. 分别制订在校版和在家版作息表

孩子的个人作息表,最好参照学校的课程表进行补充设计,最后分为两个版本,在校版作息表偏重学习,而在家版作息表偏重培养个人兴趣爱好。父母可参考以下两份表格制订。

小学生在校版作息表(课间作息表)

	时间	项目	要求
上午	7:30~8:00	上学	父母(监护人)陪同孩子
	8:00~8:30	早读	周一含升国旗活动
	8:40~9:20	第一节课	课后有课间10分钟
	9:30~10:10	第二节课	课后有课间体育活动
	10:30~11:15	第三节课	含眼保健操
	11:15~12:00	放学回家	父母(监护人)陪同孩子
下午	13:30~14:00	上学	父母(监护人)陪同孩子
	14:00~15:00	学校活动	不同的学校有不同安排
	15:00~15:40	第一节课	课后有课间10分钟
	15:50~16:30	第二节课	课后有课间10分钟
	16:40~17:25	第三节课	含眼保健操
	17:25~18:00	放学回家	父母(监护人)陪同孩子

小学生在家版作息表（家庭作息表）

	时间	项目	要求
早上	7:00～7:30	早起、洗漱、早餐	早餐后上学
中午	12:00～12:30	午餐	父母（托管老师）陪同孩子
	12:30～13:30	午休	不准做作业，午休后上学
晚上	18:00～19:00	晚餐、洗漱	晚餐半个小时内吃完
	19:00～20:00	完成作业	父母（辅导老师）指导孩子
	20:00～20:30	自由支配	休息、玩、看电视
	21:00～21:30	亲子阅读、晚安故事、睡觉	按个人爱好选书、读书

2. 和孩子一起讨论、制订作息表，提高孩子的参与度与执行力

为了让孩子积极执行作息表，父母要和孩子充分讨论

后再制订孩子的个人作息表。父母这样做，既做到了尊重孩子，也激发了孩子的想象力和创造力，孩子更愿意配合执行。例如，父母可以和孩子讨论，晚上做完作业之后到睡觉之前，这段时间安排什么活动最好，一般来说孩子喜欢看电视，父母可以挑一些有教育意义的节目给孩子看。

3. 把孩子每天要做的事安排在合适的时间

制订日程表时要注意把孩子每天要做的事安排在合适的时间里。所谓合适，是指让孩子既有足够的时间完成自己的事情，也不会因为时间过多而无所事事。例如：有的孩子安排早上起床后做作业，可是早上起床到上学的时间太紧张，根本做不了几道题；有的孩子把看动画片安排在下午，结果看电视太久，眼睛又干又痒。父母可以指导孩子做出调整，把做作业安排在晚上，把看动画片安排在完成作业之后。

第3章

作息表制作好后,要严格执行

夜深人静,罗伟刚睡下不到半个小时,又爬起来,他蹑手蹑脚地走过客厅,在爸爸妈妈的房门前侧耳听起来,爸爸妈妈已经睡着了,没有什么动静。

"虽然作息表上写着晚上10点睡觉,但是我只看一集动画片,看到10点半睡觉,应该可以吧。"这么想着,罗伟就高高兴兴地开始看动画片了。

这时,一只大手轻轻地掀开了被子——是爸爸。

爸爸说:"你违反作息表,不按时睡觉,为了惩罚你,我们决定这个周末不带你去体育馆游泳了。"

罗伟撒娇道:"爸爸,我就打算看一会儿,看10分钟就睡觉了,真的。"

爸爸摇摇头,说:"那也不行,这份作息表是你自己填写的,怎么能说话不算数呢?"

"谁让你半夜躲在被子里看动画片,不按时睡觉的。"妈妈过来安慰他,"以后别这样做了。"

"好吧。"罗伟点点头,依偎到妈妈的怀里。

在上述故事中,罗伟晚上躲在被子里看动画片,不按时睡觉,由于他破坏了自己的作息表,所以爸爸要惩罚他一下,取消了周末去游泳的安排。孩子的作息表不仅要规范,还要严格执行。

那么,父母怎么引导孩子严格执行作息表?请遵照以下几点:

1. 对孩子执行作息表进行监督

孩子有了作息表,就明白该在什么时间段做什么事情,但是孩子对作息表的执行离不父母的监督。例如，孩子做作业还需要父母监督、指导，不然容易拖延。

2. 让孩子做自己的监督员，严于律己

父母引导孩子制订作息表之后，如果再担任监督员，那就是既做"教练"又做"裁判"。这样，很容易会给孩子造成压迫感，孩子会认为什么都是父母说了算，自己一点自由都没有。这时，父母可以适当给孩子自由，让孩子做自己的监督员，自己监督自己。

3. 孩子违反作息表，要给予一定的惩罚

孩子如果违反作息表，父母要给予一定的惩罚。惩罚的方式有很多种，父母可以对孩子进行口头批评，也可以写张小纸条贴到作息表上作为书面批评，也可以取消孩子喜欢的某项活动。

4. 孩子能够执行作息表，请给予奖励

如果孩子能够较好地执行作息表，父母要给予奖励，不

过要以精神奖励为主，以物质奖励为辅。例如：孩子一天下来吃饭、上学、做作业、阅读、睡觉都能按时进行，父母可以在孩子的作息表上加一朵小红花，孩子一周集齐七朵花就能获得口头表扬或一件小礼物，下周孩子再集满七朵花，父母就再奖励别的东西。

第3章

根据条件变化，适时对作息表做出调整

浩浩是一个8岁的小男孩，在城里读小学二年级，暑假被爸爸妈妈带回乡村体验生活。

"浩浩快点起来，太阳晒屁股啦！"村里的孩子小强叫起来。

"哎哟，你起得太早啦。"浩浩一边揉眼睛，一边打呵欠。

"我和他们约好了去抓知了，你不去的话，我就不等你啦！"小强说。

"啊，我要去，等等我！"浩浩一听，来了兴致，急匆匆地穿好衣服，就跟小强出去玩了。

一上午的时间过去了，浩浩抓到了好几只知了，高兴极了。

中午，大家都肚子饿了，又一起去小强家的地里摘西瓜吃。

夕阳西下，浩浩这才高兴地回家去了。

爸爸看到浩浩被晒黑了，浑身都是土，就对他说："在城里你还能保持正常作息，可一回农村你的作息就不规律了，一天下来饭也没有吃，午觉也没有睡，这样下去可不行。"

"这才是真正的自由，今天我抓知了、摘西瓜，快乐极了。"浩浩马上反驳道。

"现在你玩得这么高兴，等暑假结束了你回城里就不适应了。"妈妈说。

"那我该怎么办？"浩浩问。

"有办法,我们把作息表调整一下,你上午参加劳动,中午休息,下午自由活动,晚上复习功课。你要做自己的监督员,自己监督自己,不能再这样疯玩了。"爸爸做出新的调整。

就这样,浩浩严格执行新的作息表,度过了一个快乐又有意义的暑假。

在上述故事中,浩浩暑假回到农村,把原来的作息表全抛在了脑后,天天只知疯玩。后来,爸爸给他调整了作息表,让浩浩度过了快乐又有意义的假期。因此,父母要注意,孩子的作息表不能因为环境的变化而废止,而应该适时调整以保证执行到位。

那么,父母应该怎么适时调整孩子的作息表呢?下面是父母们的经验总结:

1. 环境变化之后，按照生物钟来调节作息表

有些孩子一旦换了一个新的环境，就不能执行原来的作息表了，一是执行的条件发生了变化，二是孩子的心态发生了变化。因此，为了应对这些环境变化，只能按照生物钟来对作息表进行调整，在孩子精力旺盛的时候多安排一些活动，在孩子精力不足的时候，让他多休息多养神。

2. 以不变应万变，适时地调整作息表

孩子的作息表不是一成不变的，可以不断调整，比如进入幼儿园、进入小学、夏季昼长夜短和冬季昼短夜长等，遇到这些情况就需要适当调整作息表，以不变应万变。"不变"的就是保证孩子一日三餐时间规律和有足够的休息时间，让他能够精神饱满、健康成长。

CHAPTER 4

第4章

学习慢半拍,这几招轻松提高孩子的学习效率

学习占据了孩子生活的很大一部分时间，所以做好时间管理，很重要的一点就是做好学习时间的管理。父母要引导孩子提高学习效率，让孩子学会排除干扰、化繁为简、化苦为乐。

第4章

孩子不专心听讲,用生动课堂拉回他的注意力

灵灵是一个刚上幼儿园的小姑娘。周末,妈妈要教灵灵画画。妈妈先在纸上画出一只小猪,然后说:"灵灵要注意观察,这只小猪有肥肥的肚子、弯弯的尾巴、短短的四条腿,还有大大的鼻子……"

然而,灵灵根本没注意听,她正在玩画笔呢,她把12种颜色的画笔一根一根地抽出来,又放回去……

妈妈对灵灵说:"灵灵,要注意听妈妈讲,这样才能画得又快又好。"

灵灵点点头,说:"妈妈,我在听呀!"可是,没过一会儿,她又故意让画笔掉到桌子底下,接着就钻到桌子底

下不出来了。

妈妈生气地说:"你如果画不出小猪,就不许看动画片!"

灵灵可怜巴巴地说:"妈妈,不要嘛,我下午要看动画片……"

妈妈看她这个样子,突然灵机一动:既然孩子这么爱看动画片,边看边教她画画不是很好吗?

于是,下午灵灵看动画片的时候,妈妈就引导她观察电视里可爱的卡通形象:"你看,这只小猪的裙子是什么颜色的?"

灵灵说:"粉色的,她头上还有粉色的蝴蝶结呢!"

妈妈接着说:"对呀,你看她有圆圆的肚子、短短的腿,多可爱呀!"

灵灵说:"嗯,我最喜欢这只小猪公主了!"

妈妈问:"噢,那待会儿看完动画片,我们就来画这只小猪公主,好吗?"

灵灵拍着手高兴地说"好啊好啊",已经迫不及待地要去拿画笔了。

孩子不专心听讲、容易分神,这是再正常不过的现象,因为他的年龄尚小,自制力比较弱,注意力很难集中。这时候,家长就要充分开动脑筋,尽量让课堂变得生动,用孩子喜欢的方式来教他学习,这样才能保证他在学习时间里注意力集中,提高学习效率。

那么,父母可以怎样让课堂变得生动呢?可以试试以下几点做法:

1. 了解孩子的兴趣爱好

父母要与孩子多交流,了解孩子的兴趣爱好,并在孩子的兴趣爱好中穿插一些学习的任务。

例如,孩子很喜欢看关于海洋的动画片,这时父母可以给孩子买一些有关海底世界的百科知识图书，让孩子加强学习。

2. 投入真正的热情

父母在教孩子学习知识的时候，如果一板一眼，语气平淡地照着书本念，孩子一定很难提起兴趣。所以，父母首先应该提高自己的热情，做到表情丰富、声情并茂，并积极采用寓教于乐的方式，在游戏中让孩子学到知识，这样学习时间在孩子眼里就不再是单调枯燥的，而是充满趣味的。

3. 赏识教育，提高孩子的学习热情与自信心

有些孩子之所以不专心听讲，是因为他们对学习没有信心，经常学一点内容望而却步。这时，父母可以对孩子进行赏识教育，发现孩子在某一方面有所进步，就要及时给予表扬，以提高孩子的学习热情与自信心。

第4章

创造良好环境,赶走孩子的作业"拖延症"

客厅里,军军正趴在书桌上写作业。可是他咬着笔头,盯着练习册上的数学题,半个小时过去了,竟连一道题也没有做,就坐着发呆。

爸爸本来坐在沙发上看球赛,见军军总是偷瞄电视,就把电视关掉了,起身进了卫生间。

过了一会儿,军军听到卫生间传来"嘟嘟"的声音,就探出头来看爸爸在做什么。原来,爸爸正用电动剃须刀刮胡子。

"爸爸,你的胡子真多呀!"军军说。

"哎呀,快点回去做你的作业!"爸爸呵斥道。

军军只好回去做数学题,他读着第一道题:"同学们要做10个灯笼,已经做好8个,还要做多少个?"

军军读完之后,又不愿算了,他拿着大大的水杯来到饮水机前,慢慢地装水。

"别在那里磨蹭了,今天不做完作业,周一上学老师会批评你的。"爸爸走过来迅速给军军装好水。

军军回到书桌边,把作业丢到一边,又拿出白纸开始画灯笼了,他画完1个灯笼,又拿出蜡笔给灯笼涂颜色。

爸爸进来检查时发现军军没有做作业而是在画画,就怒吼起来:"不要做与作业无关的事情!"

"我现在画灯笼,也是为了算数呀,我要画10个灯笼再减去8个灯笼。"军军理直气壮地说。

"唉,真拿你没办法……"爸爸无奈地走了。

过了一会儿,等到军军画完10个灯笼,他都忘记自己还要做作业这回事了。当小猫咪走过来时,他开始拿着小

第4章

球逗猫咪玩……

就这样，一天下来，军军做作业拖拖拉拉，一会儿发呆，一会儿看电视，一会儿喝水，一会儿画画，一会儿逗猫玩，作业一点进展也没有。等爸爸来检查时，他的练习册还是一片空白，快要把爸爸气死了。

等到妈妈回来时，军军还在发呆。爸爸就向妈妈抱怨说："儿子做作业拖拖拉拉，我实在没办法了，还是你陪着他做作业吧。"

妈妈说："军军的自控能力相对差一些，他很难专注于一件事，特别容易被外界打扰，一点动静都会引起他的注意，所以做作业拖拖拉拉。"

孩子做作业拖拖拉拉，不仅影响孩子的学习成绩，也会影响家庭的日常活动安排。要解决这个问题，父母就要引导孩子珍惜时间，快速完成作业。

在上述故事中，军军在做数学作业的时候，拖拖拉拉，毫无进展，可把爸爸给气坏了。但是爸爸可能没发现，军军写作业容易分心，与环境中的干扰因素太多有很大关系。

那么，父母应该营造怎样的环境，才能让孩子提高效率，摆脱作业"拖延症"呢？不妨看看以下的建议：

1. 安排独立安静的空间

父母要给孩子安排一个独立的、少干扰的做作业的空间。例如，在孩子的卧室中隔出一个小书房。父母要对孩子做作业的环境把关，不能让孩子接触到手机、电脑等电子娱乐设备，只摆放与作业有关的书本和文具。在孩子做作业的时候，父母不能把电视开得太大声，或者大声说话。因为孩子的注意力很容易分散，听到外界的一点风吹草动，他们都会探出头看个究竟，这样很容易造成做作业拖拉。

2. 营造家庭学习和工作的氛围

家庭中良好的学习、工作氛围，对提高孩子的学习热情和写作业的积极性，有着显著的促进作用。所以，父母也要争当"学习型"父母，每天留出固定的时间来读书、学习、工作，给孩子做出榜样。

用对方法陪孩子写作业，孩子写得又快又好

阿诚是小学四年级的学生，每天晚上都由妈妈陪着他做作业。

这天，老师布置了很多作业，语文作业是写生字2页，数学作业是完成第八单元复习题，英语作业是读第五单元课文3遍，还要家长听写。

"今天学习累不累呀？"妈妈先是关切地问道。

"当然累了，上课的时候老师讲个不停，下课后又布置了一大堆作业。"阿诚抱怨道。

"没关系，妈妈陪你做。妈妈教你方法，让你做得又快又好。"妈妈温柔地跟阿诚聊天，让阿诚慢慢地静下心来。

第4章

"太好了,你真是我的好妈妈!"阿诚高兴地铺开生字簿。

"写生字的时候,要注意观察字的偏旁结构,要写满整个田字格,不要少笔画,也不要多笔画。妈妈给你做示范呀。"妈妈先写了开头一个字。

"哇,妈妈写的字真是太漂亮了!"阿诚瞪大眼睛说。

"只要你用心写,也可以写出这样漂亮的字来。好了,快写吧。"妈妈笑着轻轻抚摸阿诚的头。

受到妈妈的鼓励,阿诚写字可认真了,很快就写完2页纸。

妈妈笑着说:"太好了,现在休息一下,妈妈给你削个苹果,奖励一下你。"

阿诚吃完苹果,又开始做数学作业了。

妈妈说:"你先从头到尾做完,遇到不懂的就跳过,最后妈妈再统一给你解答,这样就不会打断你的思路。"

过了一会儿，阿诚做出了12道题，只有2道题没有做出来。于是，妈妈认真地给他改作业。当发现阿诚答对了，妈妈就表扬他一番；当发现阿诚答错了，妈妈就教他解答的方法。

做完数学作业后，阿诚发现妈妈用手机把他做错的题目和做对的题目，前后对比着拍了下来。

阿诚不解地问："妈妈，你为什么要拍我做错的题目呀？"

"这个错题图集用处可大了，以后你在复习备考的时候，可以拿妈妈的手机点开错题图集，看看自己经常出错的题目应该怎么解答，就可以避免再犯同样的错误了！"

阿诚休息片刻后，妈妈开始带着阿诚读英语课文了。虽然妈妈的口语水平一般，但是她读得很认真，每个词都念得很清楚，于是阿诚也跟着妈妈大声念起来。

在朗读时，妈妈一会儿快读，一会儿慢读，一会儿用升调，一会儿用降调，尽量做到抑扬顿挫，以增加阿诚跟读的兴趣。

等到作业全部做完了,妈妈又帮阿诚快速收拾书包,把语文作业、数学作业、英语作业分别收拾好,以便阿诚上学的时候能快速拿出来交给老师。

在上面的故事中,妈妈陪阿诚做作业时,一边做示范,一边教方法,既做到了劳逸结合,又提高了孩子对做作业的兴趣。

那么,父母要怎样才能让孩子做作业更快、更有效率呢?以下有几点建议:

1. 父母要做孩子的粉丝,而不是监工

有些孩子,父母陪在身边才做作业,父母不在身边就不做作业,所以做作业拖拖拉拉、有头无尾。因此,在陪孩子写作业的时候,父母要做孩子的粉丝,而不是监工。不要总把孩子的毛病抓出来说,这样会遭到孩子的反感。父母要让孩子尽情地发挥,然后不断给孩子鼓励。例如,孩子虽然写字慢,但写得很漂亮。这时,父母要表扬他写得好,不能老

说他写得慢。

2. 孩子放学回家后,父母要先聊天再聊作业

孩子放学回家,刚结束了一天的紧张学习,父母可以跟孩子先聊一些轻松的话题,比如聊聊最近的电影、新闻等。然后,慢慢转向聊孩子的作业,问孩子当天作业量有多少,重点是哪科作业,先做哪一科后做哪一科。父母了解到孩子作业的内容和重点、难点之后,可以陪着孩子先完成作业中的重点、难点,后面轻松的作业交由孩子自己完成。

3. 父母只教方法,不"陪太子"

孩子做作业的理想状态就是,先复习课堂所学知识,然后自己独立按时做作业,有不会的地方,最后再统一问父母。父母只能教方法,为孩子讲解做题的思路和运算方法,而不能时时刻刻陪在他的身边。如果父母时时刻刻陪在孩子身边,孩子就会产生依赖思想,他会说:"我一道题都不会做,请爸爸妈妈全部解答。"

4. 尝试把作业当成考试来完成

孩子上了小学,几乎每天都有作业。这时父母完全可以让孩子把作业当成考试来完成。也就是像考试一样,限时90分钟,让孩子在规定时间内完成所有作业。孩子完成作业之后,父母再批改点评,如果孩子做得又快又好,父母应及时给予表扬。

5. 不要给孩子增加多余的作业

有些家长看到孩子很快就做完老师布置的作业,又会给孩子增加额外的家庭作业,想搞"题海战术",这是家长急功近利、揠苗助长的表现。可以说,父母这样做适得其反,孩子知道作业永远做不完之后,做作业就更加拖拉了,他甚至会想,最好永远做不完,因为只要做不完就不会有新的作业了。

开展家庭手工比赛，激发孩子的竞争意识

下午，妈妈正在教李华用纸折出立体的花朵。

4岁的李华越折越觉得麻烦，便把纸揉成一团抛到垃圾筒里："这么难，我不想学了！"

为了激发李华学习的积极性，妈妈突然想到了一个好办法。

"宝贝，我们准备吃西瓜了。"妈妈端出一个大盘子，里面装着一片片红彤彤的西瓜。

李华看得口水都流出来了，他用手指戳了一下西瓜，再放到自己的嘴里吮吸起来，说："真的很甜呀！"

第4章

"还不能吃哦。"妈妈把盘子放到一边,笑着说,"现在我们家要举行一次手工比赛,参赛者是爸爸、妈妈和李华小朋友。谁能最先完成手工,妈妈就会奖励他3片甜甜的西瓜,不做的人就没有西瓜吃了。"

爸爸为了逗李华,赶紧走过来,说:"我肯定是第一名,快点教我!"

李华马上拿起一张纸,挡在爸爸前面,心急地说:"妈妈,快点教我,我要比爸爸学得快!"然后,李华认真地跟妈妈学习折纸步骤,很快就完成了一个漂亮的手工作品。

"太棒了,恭喜李华小朋友获得第一名!现在开始分西瓜吃了。"妈妈高兴地说。

在上述故事中,李华在学习做手工时,因为觉得麻烦,所以学得很慢,并失去了耐心。后来,妈妈巧妙地用开展家庭竞赛的方式,激发了李华学习的积极性,在最短的时间内完成了漂亮的作品。

孩子有了竞争意识，做起事情来就会想方设法超越别人、超越自己，那样做事的速度自然会快起来。

那么，父母怎样培养孩子的竞争意识呢？请参照以下几点执行：

1. 鼓励孩子参与良性竞争

在日常生活中，父母可以鼓励孩子参与良性竞争，这里所谓良性竞争就是在公平公正的环境中，孩子与孩子之间进行的竞争。例如，在二孩家庭里，大宝、二宝两个孩子都不去收拾玩具。这时，父母可以提出奖励措施，谁先收拾完玩具，谁就可以得到糖果。孩子们为了得到糖果，就会争先恐后地去完成任务。

2. 让孩子学会超越别人

有些孩子害怕竞争、害怕输，这时父母要告诉孩子世界上到处都有竞争，所以孩子要学会参与竞争。例如，孩子要去超市买东西，父母可以引导孩子要起得早一些，多带一点钱，这样才能买到新鲜的蔬菜、水果和肉类。

3. 让孩子学会超越自己

除了与他人竞争，父母还应该引导孩子学会与自己竞争，学会超越自己，不断优化学习方法，提升学习效率。

为孩子寻找一起学习的小伙伴，互相促进效率高

早晨，阳光明媚，吕霞又开始拿着绘本在阳台上朗读。吕霞是6岁的小女孩，正在上幼儿园大班。

妈妈听见女儿一大早就起来学习，很高兴地说："宝贝真棒！接着读啊，读给妈妈听。"

"妈妈，你过来陪我一起读啊！"吕霞喊道。

妈妈一边洗衣服一边说："妈妈今天很忙，不能陪你读，妈妈在这里一边听一边陪你不行吗？"

吕霞有点失望地说："好吧。"

开始吕霞读得还挺大声，后来妈妈听到她的声音越来越

小，读得越来越慢，就问："宝贝，你怎么不读了？"

吕霞噘起小嘴，说："一个人读书没意思，幼儿园都是好多小朋友一起读的。我不想读了，妈妈。"说着就把书扔到一边，看电视去了，一早上她连一篇课文都没读完。

听了吕霞的话，妈妈恍然大悟，原来小丫头是想要人陪啊。下午，妈妈邀请了同事小赵和她的女儿孟瑶来家里做客，正好孟瑶也是6岁，和吕霞一般大。

两个小女孩迅速成了好朋友，从这以后，她们常常一起学习，两个人的学习效率都提高了。每次听到她们一起在阳台上大声地朗读课文，妈妈就觉得很欣慰。

在上述故事中，吕霞一个人读书没热情、效率低，妈妈就给她找了一个一起学习的小伙伴，两个人互相促进，学习效率都提高了，可见这是不错的做法。

那么，父母可以通过哪些途径来为孩子寻找一起学习的小伙伴呢?

1. 邀请孩子的同学或同事的孩子来家里做客

父母可以从小给孩子营造融洽的交友环境,常常邀请他的同学或自己同事的孩子来家里做客,当然,也可以带着孩子去别人家做客。在这样的环境中,孩子会有更多与同龄小伙伴接触的机会。

2. 带孩子多参加社区的亲子活动

现在很多社区都会不定期地组织丰富精彩的亲子活动,父母应尽量抽出时间带孩子去参加。孩子不仅获得了快乐的活动体验,还能接触到住在同社区的小伙伴,与之成为朋友,学习上共同促进,生活上一起成长。

3. 根据孩子的爱好适当给他报兴趣班

孩子除了学习课本知识,也会有其他的才艺学习需求。父母可以根据孩子的学习兴趣,给他适当地报兴趣班。在那里他不仅能学到知识、才艺,还能收获有着共同兴趣的朋友。

CHAPTER 5

第5章

严于律己,时间管理离不开孩子的自律

孩子不懂得自律，就容易分散注意力，被时间牵着鼻子走。所以，父母要引导孩子学会自律，从被动接受监督到主动自我管理，真正成为时间的主人，在有效时间内完成自己的目标，完成更多有意义的事情。

第5章

适当放手，让孩子自主管理时间

夜幕降临，全家人吃完饭，都在忙自己的事情。这时，丽莎打开了电视机。

丽莎是个9岁的小女孩，正在读三年级，当天老师布置的作业很多，但是动画片也很精彩。

"现在几点了？"丽莎突然问。

"7点了，你还不赶紧做作业？"妈妈催促道。

"不用急，我想先看电视，再做作业！"丽莎说话的时候，视线一刻也离不开电视。

"行了，做完作业再看。"妈妈要关电视。

"不要关,等我做完作业,已经到晚上9点了,就没有动画片看了。"丽莎拉着妈妈的手,委屈地说。

"孩子她爸,你说说,现在是休息时间还是学习时间?"妈妈向爸爸使了个眼色,希望爸爸能跟她站在同一条战线上。

"我也不知道,这个要看孩子自己的安排。如果丽莎认为休息够了就可以转为学习时间,如果丽莎认为学习太累了就可以转为休息时间。"爸爸微笑着说。

"噢耶!那我先看完动画片,再做作业。"丽莎高兴地叫起来。

"唉,真拿你们父女俩没办法。"妈妈只好又去忙自己的事情。

过了一会儿,丽莎看完电视,就自觉地去做作业了,而且做得又快又好,得到了爸爸和妈妈的一致表扬。

在上面的故事中,丽莎看电视和做作业的时间出现了冲突，丽莎想先看电视再做作业，妈妈认为要先做作业再看电视，而爸爸说让孩子自己安排，让孩子自己管理时间。

那么，父母怎么引导孩子自主管理时间呢？以下几点建议可以参考：

1. 让孩子学会制订一天的计划

如果孩子没有时间观念，不懂怎么安排自己的学习和休息时间，那么父母可以引导孩子制订一天的计划，规定好什么时候学习、什么时候休息。而且，要督促孩子马上执行。

2. 玩"对对时间"的游戏

如果孩子不知道当下的时间，父母可以给孩子配一块手表，时不时地与孩子对对时间，按时开始，按时结束。久而久之，孩子就会养成良好的作息习惯。例如，孩子在家里发呆，这时，父母可以对孩子说："我们来对对时间，请伸出你的手表看一看，现在是上午10点，我们花10分钟的时间收拾房间。"

3. 倒计时学习与休息，增强紧迫感

为了增强紧迫感，父母可以引导孩子进行倒计时学习与休息，让孩子知道在什么时间就该做什么事情。学习和休息的时间一旦过了，就再也找不回来了。例如，在孩子读课文之前，爸爸可以拿来一个闹钟，倒计时15分钟，要求孩子在规定时间内读完课文。时间到了，孩子就可以休息5分钟。

4. 引导孩子多学习一些关于时间的词语

父母可以在日常交流中有意识地、高频率地使用关于时间的语言，以增强孩子的时间观念。例如，父母可以不断重复这些话："今天是星期几？""明天早上7点准时起床！""现在是几点钟？""等我1分钟。""快用5分钟做完。""做这件事不能超过1个小时。"还可以教给孩子一些关于时间的词语，如分秒必争、光阴如箭、弹指之间……

第5章

让孩子心中的目标唤醒他自主管理时间的热情

不知不觉，荣泽已经7岁了，变成了既聪明又可爱的小学生。自从上小学之后，荣泽就不能再像上幼儿园时那样懒散了，因为他要努力成为"三好学生"。

看到班上的同学被评为思想品德好、学习好、身体好的"三好学生"，荣泽羡慕得不得了。获得"三好学生"的同学手持奖状的情形，时不时闯进他的梦乡。

晚上，荣泽在跟爸爸一起看电视时，突然说："爸爸，我要成为'三好学生'，您要帮我。"

爸爸认真地说："想成为'三好学生'，主要靠你自己，爸爸可帮不了你。"

荣泽有些不解:"为什么?"

爸爸分析起来:"因为现在你是小学生了,不再是幼儿园的学生了。以前都是爸爸妈妈安排好时间,让你被动接受。现在不同,你要主动安排自己的时间,努力做到'三好'。在思想品德方面,你要积极参加学校的升国旗仪式,还要尊老爱幼、尊敬师长、关爱同学,主动帮助有困难的人;在学习方面,你要争分夺秒,做好学习的时间安排,把学习成绩搞上去;在身体方面,你还要安排适当的时间,加强身体锻炼,保持健康的身体和饱满的精神状态。"

"好的,就这么办。我现在就去制订一个'三好学生'的时间安排表。"荣泽说完,就拿来一张表格,安排好了一周学习和锻炼的时间,准确到每个小时要做什么。他的基本思路就是,白天努力学习,晚上积极锻炼身体,平时做到尊老爱幼、乐于助人。

爸爸看完荣泽的时间安排表之后,又提出一点修改建议,以确保荣泽在思想品德、学习成绩和身体素质三个方面都获得提高。

就这样，荣泽经过一个学期的自主管理，最终被学校评为了"三好学生"。

在上述故事中，荣泽为了成为"三好学生"，从被动接受父母的时间安排，变成主动安排时间，最终成为时间的主人，实现了自己的目标。

那么，父母怎么引导孩子真正成为时间的主人？请参照以下几点执行：

1. 化被动为主动，让孩子自己选喜欢的、有意义的事情做

要想孩子成为时间的主人，就要让孩子从被动接受时间安排，变成主动安排时间，让孩子选自己喜欢的、认为有意义的事情来做。

父母可以多跟孩子做深入的沟通，帮他明确心中想要实现的目标并给予鼓励。

2. 当孩子遇到困难时，及时给予帮助

孩子年龄尚小，即使心中有明确的目标，由于缺乏意志力，也很容易因为遇到困难而半途而废。

所以，父母一定要及时给予帮助，教给孩子解决问题的办法，支持孩子实现目标。

第5章

把大目标拆分为小目标,孩子更容易按时执行

"妈妈,我回来了。"彤彤放学后回到家。

"快点洗手、坐好,我给你做了香喷喷的红烧肉。"妈妈边说边给彤彤盛了一大碗饭,然后又夹了很多红烧肉和青菜到她碗里。

爸爸、妈妈也准备吃饭了,可是彤彤却扭过头去,一脸的不高兴。

"怎么回事,谁欺负咱们家彤彤了?"爸爸问道。

"今天放学的时候,我看见同学们在玩踢毽子,我也想跟他们玩。可是我实在太胖了,动作十分笨拙,我还没来得

及抬起腿,毽子就落地了。所以,同学们都不跟我玩了。"形形道出心中的委屈,然后大声说,"我要减肥!我一定要瘦下去!"

爸爸和妈妈相视一笑,因为这已经不知道是女儿第几次喊减肥的口号了。每次她一开始都是信心满满,给自己定下"3个月瘦20斤"的目标,节食、跑步,可是没过3天,就坚持不下去了。

"爸爸妈妈,你们说我应该怎么办呀?"形形说着,眼圈都有点红了。

爸爸想了想说:"我倒是有个办法。你以往每次定的目标都太大了,3个月的时间太长,你每次想到要坚持3个月,就打了退堂鼓。现在我们重新定一个每天的小目标,你只要想着完成它就好,不要去想第二天的事,这样也许就能坚持下来了。"

妈妈点点头表示赞同:"不然妈妈帮你定这个小目标,就每天跳绳100下,好不好?"

第5章

彤彤高兴地说:"好。"

让彤彤意外的是,自从定下这个每日小目标后,她竟然轻轻松松地就把这次的减肥行动坚持了下来,身材苗条了,个性也更开朗了。

在上述故事中,因为彤彤比较胖,所以同学们不愿跟她做游戏,后来彤彤制定每天跳绳100下的小目标,不仅成功减肥瘦身,个性也越来越开朗了。完成目标的时间单位越小,孩子就更容易执行,更容易发挥出自律的品质。

那么,父母怎么帮助孩子制定目标才能达到好的效果呢?以下几点值得一试:

1. 让孩子把目标形象化,清楚地表达出来

很多孩子不知道什么是目标,父母可以引导孩子用画画的形式把目标画出来、清楚地表达出来,并且挂在孩子的房间里,让孩子天天都记得他的目标。

2. 制定一个符合孩子实际情况的小目标

为孩子制定的第一个目标，最好要小一些，要符合孩子的实际情况。孩子的目标要源于日常生活，而且要稍微高于生活。例如，孩子比较喜欢跑步，父母可以给孩子制定一个跑步的小目标，从每天跑400米开始，然后逐步增加距离。有些孩子制定的目标不着边际，这时父母要及时纠正过来，给孩子制定一个可实现的、可量化的目标。

3. 给目标定一个完成的期限，宜短不宜长

帮孩子制定目标一定要有完成的期限，因为孩子很容易滋生惰性，时间拖得越久，他们就越不会采取行动。孩子完成目标的期限宜短不宜长，小目标可以在一周或一个月内完成，如果父母把完成时间定成半年，那么孩子就会产生懈怠心理。

有些孩子毅力不足，对于长期目标没有概念，只顾着要解决眼前的问题。这时，父母要把长期目标分解成短期目标，让孩子每隔一段时间就体会到成功的喜悦。

第5章

孩子不专注,花再多时间也无法克服困难

10月的一天,在社区公园的操场上,轩轩正在学滑板车。

轩轩正在读六年级,爸爸见他喜欢玩滑板车,就专门请老师来教他。

只见老师轻轻一跃跳上滑板车,然后"嗖"的一声来个惯性滑行。老师边滑行边对轩轩说:"你看到没有,只要保持平衡,你想往哪边走就可以往哪边走。"

"太棒了!老师,快点教我滑吧。"轩轩激动地叫起来。

"好的,你要先学会上滑板,上去的时候,左脚在前,脚尖向右。"老师开始教轩轩上滑板的要领。

可轩轩却心不在焉，他不时转头看着其他小朋友在操场上滑来滑去。

"老师教你的时候，你要注意听讲，要不然会吃苦头的。"老师说完，就给轩轩拿来一个滑板车。

轩轩一脚踩上滑板车，没想到，滑板车一滑，他就扑通一声摔倒在地。

"快点起来，再试一次。"老师说。

轩轩试了第二次，还是摔倒在地。轩轩委屈地说："老师，我上不了滑板车，不如学点别的吧。"

"这个都学不会，更不要说学别的了，上滑板是基础中的基础。"老师严肃地说，"现在我们要学习惯性滑行了。"

老师在讲惯性滑行的要领时，天空飞过一架飞机，轩轩便抬头看飞机。

"你把右脚踏在滑板上，左脚蹬地，再把左脚收到滑板上，这样滑板就可以带着你滑行一段距离。"老师把要领讲完了，就让轩轩试滑。

"不就是滑行吗？太简单了。"轩轩觉得滑行不需要什么技巧，于是就将右脚踏上去，用左脚蹬地，结果滑板车突然转向，轩轩连人带车全翻倒在地。

最后，轩轩"呜呜"地哭着要回家，再也不敢学滑板车了。

上述故事中，轩轩学滑板车时不够专注，他一会儿看别人滑，一会儿又看天上的飞机，最后什么都没有学会。美国著名思想家、文学家爱默生说："专注、热爱、全心贯注于你所期望的事物上，必有收获。"孩子做事不专注，既做不好，又会浪费时间。

那么，父母怎么引导孩子专注于做一件事情呢？以下几点可以作为参考：

1. 用故事引导，让孩子明白坚持就是胜利

父母可以通过一些坚持不懈的故事，引导孩子努力坚持

做事，不断战胜困难，永不放弃。例如：父母可以跟孩子讲水滴石穿的故事，水通过不停地滴落，最后连石头也能滴穿；还有绳锯木断的故事，人们用绳当锯子不断地锯，也能把木头锯断。父母通过讲这些故事，让孩子明白只要能坚持做下去，事情就会成功。

2. 当孩子没有耐心的时候，父母要定时定量安排任务

孩子的耐心是有限的，当孩子做事没有耐心的时候，父母不能强迫孩子完成。当孩子左顾右盼、烦躁尖叫的时候，说明他已经没有耐心了。这时父母要进行任务调整，给孩子重新定时定量地安排任务。例如，父母可以对孩子说"你再坚持看书5分钟，我们就休息"或者说"你再写字10分钟，我们就出去玩"。

CHAPTER 6

第6章

理清头绪,做事之前
需分轻重缓急

随着年龄增长，孩子面对的事情越来越多，这就需要他们做出分析和判断，决定先做哪件事后做哪件事。为此，父母要引导孩子学会排序管理，学会分清轻重缓急，进行合理排序。

第6章

同时遇到多件事情时，家长要教孩子学会"排排做"

周末，爸爸妈妈带着紫夏和紫金两姐妹去公园玩。

爸爸拉着6岁的紫夏，妈妈拉着4岁的紫金，一家人刚到公园门口就被滚滚的人流给挤散了。爸爸把紫夏拉到树下不停地四处张望，却看不到妈妈和紫金的身影。

"我们和妈妈她们走散了，你说现在怎么办？"爸爸故意问起来。

"当然是要去找妈妈他们了。"紫夏显得十分焦急。

"对了，我们可以对今天的事情'排排做'。一是继续逛公园，二是找妈妈，三是找东西吃，四是搭帐篷休息，这四件事，你要先做哪件事，后做哪件事呀？"爸爸问道。

"先找妈妈，再一起逛公园，接着找东西吃，最后搭帐篷休息。"紫夏做出了排序。

"没错。找妈妈是当前重要且紧急的事情，我们要先做。"爸爸分析起来，"不过，我们应该怎么找妈妈？"

"直接去人多的地方找呗！"紫夏有些疑惑不解。

爸爸摇摇头说："这样无疑是海底捞针，我们可以到公园管理处通过广播找人，让妈妈她们来找我们。"

"太好了，爸爸真聪明！"紫夏高兴地跳起来。

就这样，爸爸和紫夏马上按计划行事。广播播出后不久，妈妈就带着紫金找过来了。

就这样，一家人又聚在一起。爸爸拿出零食，一家人围坐在帐篷里边吃边玩。

在上述故事中，紫夏一家人去公园玩，结果被人群冲散了，爸爸引导紫夏给事情排序——先通过广播找妈妈，再一起玩耍，让孩子学会分清事情的轻重缓急。

在日常生活中，孩子要学会自己分清事情的轻重缓急，然后做出合理的排序，才能获得完美的结局。

那么，父母应该如何引导孩子对多件事情进行合理的排序呢？请参照以下几点执行：

1. 立即处理一些重要且紧急的事情

孩子遇到了重要且紧急的事情，需要立即处理。

2. 每天可以先做重要但不紧急的事情

对于重要但不紧急的事情，告诉孩子要坚持每天做。

3. 请别人做不重要但紧急的事情

告诉孩子遇到不重要但紧急的事情，最好请别人来帮自己做，自己不必亲力亲为。

4. 适当拖延不紧急且不重要的事情

告诉孩子遇到不紧急且不重要的事情,可以适当延后,在时间不充裕的情况下可以不做。

第 6 章

既重要又紧急的事,需要马上处理

星期一早上,爸爸送9岁的苗苗去上学,这天学校要升国旗,所有的少先队员都要佩戴红领巾。苗苗前段时间才成为少先队员,得到了一条梦寐以求的红领巾。

要进校门时,苗苗突然问:"爸爸,我的红领巾你拿了吗?"

"红领巾?我没有看到啊,你检查一下书包里有没有。"爸爸说。

苗苗走到一个角落,把书包里的所有东西都翻出来检查,里面只有课本、文具盒、零食和水杯,没有红领巾。

爸爸说:"没有红领巾也不要紧吧,你就跟老师说,红领巾丢了。"

"不行!我要找回红领巾,这件事对我来说既重要又紧急,需要马上处理。"苗苗两手叉着腰表明了态度。

"那你想怎么办?现在是8点半,离升旗仪式只有半个小时了。"爸爸看了看手表,表示时间很紧迫。

"回家找!反正我们家离学校也不远。"苗苗说完就往家里跑。

爸爸只好跟着苗苗回家找。到家后,苗苗翻箱倒柜,找了所有可能放红领巾的地方,还是一无所获。

"这可怎么办呀?"苗苗急得团团转,眼泪都掉下来了,"没有佩戴红领巾就参加升旗仪式,是不符合章程的。"

"别着急,你好好回忆一下,昨天你最后一次看见红领巾是在哪里?"爸爸提醒苗苗。

"昨天我都折好放在书包里了,难道红领巾会飞吗?"苗

第6章

苗又重新把书包翻了个遍。

"实在没有，就去文具店买一条替代吧？"爸爸提议道。

"不行！"苗苗摇摇头说，"那是学校发给我的，是国旗的一角，代表着一种荣誉，跟我们在外面买的是不同的。"

"现在是8点50分，9点钟就升旗了，我们走回学校的时间都不够了。"爸爸再次提醒苗苗时间紧迫。

就在苗苗一筹莫展的时候，妈妈哼着歌，买菜回来了。

苗苗眼睛一亮，马上问道："妈妈，你有没有看见我的红领巾？"

"哦，红领巾呀，我昨天帮你洗了呀，挂在阳台的衣架上。"妈妈用手指向阳台。

苗苗转头一看，发现一条鲜艳的红领巾，正在衣架上迎风飘扬呢。苗苗拿过撑衣架，把红领巾取下，迅速佩戴在胸前，然后说："爸爸，我们走是来不及了，得跑步回学校。"

等苗苗跑到学校时，刚刚好赶上升旗仪式，看着五星红旗在学校操场上缓缓升起，苗苗心中充满了自豪。

在上述故事中，苗苗周一上学时发现红领巾不见了。"找回红领巾"这件事对苗苗来说既重要又紧急，得马上处理，于是她马上跑回家找，最终找回了红领巾，按时参加了升旗仪式。

当孩子遇到既重要又紧急的事情时，要善用时间，马上处理，如果自己处理不了，可以向父母寻求帮助。

那么，父母应该怎么引导孩子处理既重要又紧急的事情呢？下面几点值得借鉴：

1. 情况出现后，第一时间帮孩子分析重要性

孩子对突发情况通常欠缺处理经验，不能很快分析事情的重要性，在犹豫的时候就浪费了时间，错过了处理事情的最佳时机，之后想补救也来不及。

所以家长应该在第一时间就帮孩子分析其重要性，指导

孩子对事情进行处理。

2. 找到问题出现的原因，想办法解决

孩子遇到了重要又紧急的事情，通常会比较着急、慌乱，只顾着担心后果，无法冷静下来思考。

重要又紧急的事情出现，一定存在原因。父母要引导孩子找到问题出现的主要原因，想办法解决问题。

重要但不紧急的事,仍需提前准备

春天来了,河边杨柳伸出嫩绿的枝条随风飘扬,白鸭钻进温暖的河里尽情嬉戏。正在上幼儿园大班的丽丽背着书包和爸爸一起回家,她一边走,一边欣赏河边的美景。

"爸爸,你看河对面有人在放风筝,有黑色的燕子、红色的蜻蜓,还有灰色的老鹰。"丽丽边说边指向远处的天空。

"真有趣!"爸爸也情不自禁地赞叹道。

"爸爸,学校下个月要举办放风筝比赛,规定我们要自己制作风筝。回家你就陪我一起做吧!"丽丽激动地说道。

"这件事虽然重要但不紧急。"爸爸分析起来,"爸爸不会制作风筝,所以我们先买一只风筝回去研究一下,研究明白

第6章

了再自己动手做,你看好不好?"

"那好吧!那我们现在就去买,家门口的文具店就有,我们去找找吧。"丽丽显得有些着急。

到了文具店,爸爸和丽丽却没能选到一只满意的风筝。但丽丽还是坚持要买,爸爸对她说:"离比赛还早,我们有充足的时间去挑选一只满意的风筝。买了满意的风筝,爸爸才能用它做参考,才能帮你做出一只最完美的风筝啊,你说对不对?"

丽丽觉得爸爸说得有道理,于是不再坚持。

周末,爸爸带丽丽去一家大的玩具店买了一只非常漂亮的花蝴蝶风筝,丽丽很开心。

买到风筝以后,爸爸就开始带着丽丽每天去广场上练习。丽丽不解地问:"爸爸,您不是说这件事重要但不紧急吗?为什么我们这么早就要开始练习?"爸爸笑着说:"重要但不紧急的事虽然不需要立刻就做,但是需要提前做好准备啊!"

在上述故事中，丽丽放学后要马上回家制作风筝，可是爸爸认为那是重要而不紧急的事情，可以先买一只风筝研究一下。丽丽坚持当天就要买一只风筝，爸爸又告诉她，时间还很充足，完全可以挑更好的风筝。最后丽丽被爸爸说服，买到了自己非常满意的风筝。当丽丽觉得不用着急的时候，爸爸却早早地开始带她练习放风筝，这是为赢得比赛提前做好准备。

那么，父母应该怎么引导孩子处理重要而不紧急的事情呢？下面有一些建议：

1. 做好准备与规划，确保有备无患

告诉孩子重要而不紧急的事情，就是一些需要早做准备、提前规划，需要长期做才能完成的事情，例如单元测试、校运会活动等。这些并非火烧眉毛的事，但是不做好准备就很可能无法取得理想的结果。

2. 每天安排时间坚持做下去，以实现质变

对于重要而不紧急的事情，孩子要每天安排固定的时间

来做，只有坚持下去，才能养成良好的做事习惯，最终实现质变。

3. 提醒孩子，这种事拖得越久就会变得越紧急

重要而不紧急的事情如果拖得太久，将会变得越来越紧急，所以一定要早做准备、早做规划，每天都安排做一点，就不会到最后关头措手不及。

例如，孩子下周五之前要完成一只泥塑小马，父母可以利用周末的时间采购材料，在周一至周四，每天抽空陪孩子做一点。可以在周一做整体，周二做局部，周三做毛发，周四上色，慢慢完善，到了周五就能交出好作品。父母不能临时抱佛脚，在周四晚上才急急忙忙陪孩子做出一个"四不像"的作品来。

紧急但不重要的事,可以找别人帮忙

上学的路上,晓辉有点闷闷不乐。

"晓辉,你今天怎么了,这样愁眉苦脸?"妈妈问起来。

"我现在很矛盾,我们班的实习老师今天上午就要走了,我想亲自送一张贺卡给她,可是我上午要参加作文大赛。如果我去送贺卡给老师,就不能参加作文大赛了;如果我去参加作文大赛,就不能去送贺卡给老师了。"晓辉道出自己心中的苦恼。

"你认为是送贺卡给老师重要,还是参加作文大赛重要?"妈妈俯下身问道。

"当然是参加作文大赛了,因为我为这次大赛准备了一年多，如果取得好的名次还能为班集体争光。"晓辉分析道。

"那送贺卡给老师的事，该怎么办？"妈妈故意问。

"我也为这事发愁。"晓辉很是无奈。

"就目前的情况来说，送贺卡给老师这件事虽然紧急但不重要，你可以找别人帮忙，让人家给你去送。"妈妈提议。

"呀，这真是个好办法！"晓辉高兴地说道。到了学校，晓辉就把送贺卡的事拜托给了班长。

就这样，班长替晓辉给实习老师送去了贺卡，晓辉则去参加作文大赛，这两件事都没有落下。后来，晓辉在作文大赛中取得第三名的好成绩，实习老师收到贺卡后也给他写回信鼓励他努力学习。

在上述故事中，晓辉陷入了两难的境地，一边要参加作文大赛，一边要去送贺卡给实习老师。后来，经过妈妈一番分析，晓辉决定去做重要的事情——参加作文大赛，其他事情就请别人代劳。孩子要懂得寻求别人的帮助，才能利用有限的时间做更多的事情。

那么，父母怎么引导孩子寻求帮助呢？请参照以下几点执行：

1. 父母要主动给孩子做出求助他人的榜样

有时候父母要主动示弱，比如遇到一些难题、一些棘手的问题时，可以请孩子来帮忙出谋划策、分析解决。事后，父母还要向孩子解释，一个人的力量是有限的，如果不寻求别人的帮助将很难做出大成就。

2. 父母不能太快出手帮助孩子

当孩子遇到困难的时候，父母不能太快出手帮助孩子，而应该静静地等待孩子主动来要求帮助。

3. 通过心灵沟通，给孩子指明他需要求助的人

如果孩子遇到了困难，但不知道找谁来帮忙，这时，父母要通过与孩子的心灵沟通，给孩子指明他需要求助的人是谁。

第6章

既不重要也不紧急的事,可以等有时间再做

蕾蕾今年7岁了,上小学之后,她发现要做的事情越来越多。

"今天作业多不多?"妈妈问。

"当然多了,语文、数学、英语每科都有。"蕾蕾一到家就打开书包,翻出作业本,"不说这么多了,我要开始做作业了。"

"那你什么时候去买运动鞋,你不是说明天就要上体育课吗?"妈妈提醒她。

"可是我的作业明天也要交呀。"蕾蕾一边说一边答数学题。

"蕾蕾，我下午碰到浩浩哥哥，他问你什么时候去找他玩？"爸爸走进来，突然问了一句。

"哦，对了，蕾蕾你还要记得准备下周表演用的道具。你要演白雪公主，你的公主服装设计好没有？"妈妈又补充道。

蕾蕾被爸爸妈妈这么一说，头都大了。做作业、买运动鞋、找浩浩哥哥玩、准备下周表演用的道具，到底先做哪件事呢？

"你们一会儿要我做这件事，一会儿要我做那件事，我都不知道要先做哪一件事好了。"蕾蕾苦恼地说。

"不用着急，我们先对这些事情进行排序，看看哪些事情需要现在做，哪些事情不需要现在做。"爸爸分析起来，"做作业是重要又紧急的事情，现在就要做，因为你明天一上学就要交。买运动鞋是不重要但紧急的事情，因为你明天下午要上体育课，所以你可以安排在明天中午放学后去买，下午穿着去上学。准备下周表演的道具是重要但不紧急的事，你可以安排在周末来做。还有，找浩浩哥哥玩跟其他几件事比起来，是既不重要也不紧急的事，可以等你有空再说。"

"我明白了，我现在做完作业就行了，其他的事情暂时不考虑。"蕾蕾高兴地说。

"是的，没错。"爸爸向蕾蕾竖起大拇指。

听爸爸这么一说，蕾蕾紧张的心情终于放松了下来，开开心心地做完了所有作业。

在上述故事中，蕾蕾一个晚上要处理4件事情，包括做作业、买运动鞋、找浩浩哥哥玩、准备下周表演的道具，可是她分不清事情的轻重缓急，后来在爸爸的分析下，发现有些事情可以不用立刻就做。

由于时间是有限的，所以孩子们做事情要分清轻重缓急，这样才不会忙得焦头烂额。

那么，父母怎么引导孩子学会做事分清轻重缓急呢？下面的一些建议值得参考：

1. 让孩子明白什么才是重要的事情

在时间管理中,孩子的事情也可以分为四种事情,包括不重要又不紧急的(轻)、重要又紧急的(重)、重要但不紧急的(缓)、不重要但紧急的(急)的事情。父母要明确告诉孩子什么才是重要的事情。

2. 让孩子明白什么才是紧急的事情

事情的紧急程度,一般与孩子有着切身关系,孩子可以根据自己所处的环境判断事情的紧迫性。

3. 从孩子的角度来处理多件事情的排序问题

在多件事情的排序问题上,请不要从父母的角度来排序,而是要引导孩子从自己的角度出发进行排序,然后逐一执行。

CHAPTER 7

第7章

合理规划,让孩子感受
时间统筹的魅力

时间要用得少，就要用得"巧"，孩子不懂如何规划时间，就很容易降低效率，浪费更多的时间。为此，父母要引导孩子学会统筹时间，先想好再行动，在最短的时间内完成最多的任务。

第7章

让孩子先想好再行动,能最大限度地节省时间

宇航是6岁的小男孩,今天他拉着爸爸来玩绿化带迷宫。可他没想到,一进入绿化带迷宫,就找不着方向了。宇航现在身高1.3米,可是这些绿油油的黄杨灌木有2米多高,完全遮住了宇航的视线,所以宇航边走边跳起来查看路线,累得满头大汗。

"爸爸,我们好像迷路了,一直在原地打转。"宇航向爸爸摊开双手。

"我早就告诉你了,做事情之前要花点时间思考。这种绿化带迷宫,树木很高,人一旦进入迷宫,视线被挡住了,就很容易迷路。"爸爸坏笑起来。

"那现在该怎么办?"宇航垂头丧气地问。

"按原路退回入口,然后想办法登到高处,把绿化带迷宫画出来,最后确定一条路线。"爸爸建议回到原点。

"我才不干呢,走了这么久,还要退回去,太丢脸了。"宇航有点不愿意。

"现在我们花了1个小时还没有找到出路,你就在这里继续转圈圈吧,我可要退回去了。"爸爸笑着说。

不一会儿,宇航和爸爸退回迷宫的入口,然后登高,从上往下看,把绿化带迷宫看得清清楚楚。随后,宇航拿来一张白纸,把整个迷宫平面图画了出来。

"很好,现在我们要思考一下,在迷宫平面图里画出一条路线。"爸爸说。

"我知道了,从入口出发先往左,再往右,再往左……转一个大圈就能找到出口。"宇航用笔画出一条弯弯曲曲的行进路线。

当宇航和爸爸拿着迷宫平面图和行进路线再次回到绿化带

迷宫时，一切都变得顺利多了，他们不用再走回头路，就能快速从入口走到出口，前后才花了半个小时。

在上面的故事中，宇航一开始没有思考就闯入绿化带迷宫，结果在里面迷路了，花了1个小时还在原地转圈圈。后来，爸爸建议宇航登高观察，把迷宫平面图和行进路线画出来，思考清楚再行动。宇航依计行事，最终又快又好地走出了绿化带迷宫。

在做事之前，父母可以引导孩子多思考，想出各种对策与办法，往往能节省时间、事半功倍。美国生物学家诺曼·卡曾斯说："把时间用在思考上是最能节省时间的事情。"

那么，父母怎么引导孩子三思而行呢？请参照以下几点执行：

1. 在做事之前，让孩子思考自己有没有必要做

思考是人类最大的乐趣，思考不仅能让孩子获得新的知识,还能提高孩子的办事效率,所以,在做事之前,请让孩子花点时间去思考。首先,孩子可以思考做这件事的意义,有没有必要做。

2. 在做事之前,让孩子思考有没有能力做

很多孩子想做大事,可是自己的能力却跟不上,做起事情来效率又低,又容易有危险。所以,父母要引导孩子量力而行,不要去做一些超出自己能力范围的事情。

例如,孩子想在院子里造一个小房子住,但是他一没有材料,二没有砌砖的能力。父母可以这样对他说:"现在你要学好科学文化知识,以后做个建筑工程师,这样盖起房子来就又快又好。"

3. 在做事时,让孩子思考怎么才能做得更快

孩子做事遇到困难时,要么半途而废,要么做得越来越慢。这时,父母要引导孩子思考怎么才能做得更快。

例如:孩子用零食纸盒制作木偶玩具,发现零食盒、宽

胶带、剪刀等材料很难凑齐，于是做起来效率低下，多次想放弃。这时，父母可以对他说："没有零食盒，可以找快递盒替代，就有制作材料了。如果没有宽胶带，可以用订书机把纸片订起来，这样速度更快。如果没有剪刀，就更改设计方案，你可以做个连在一起的大火车，这样就不用剪开了。"

4. 在做事后，让孩子反思有哪些地方值得改进

孩子做完事情之后，很少总结经验得失。所以，父母要引导孩子总结经验，反思改进的方法。等到下次做事的时候，孩子就能做得又快又好。

例如，孩子用废旧木头做模型飞机，经常会出现左右两边机翼长短不一的现象，结果飞机既停不稳又不美观。这时，父母可以对孩子说："你仔细想一想，你做飞机的时候，能不能改变一下做法，不要将左右两边机翼分开做，而将左右机翼连在一起做，这样就可以减少误差，增加飞机的平衡性。"

让孩子学会算计时间，做好事情的先后顺序安排

周末，在公园的烧烤场里，聚集了一大群来烧烤的游客。刘敏是9岁的女孩，正在读小学三年级，此时她正忙着帮爸爸妈妈烧烤食物。

"爸爸妈妈，我来帮你们烧烤食物！"刘敏抢过烧烤叉。

"烧烤可是个技术活，烤的时间久了食物就会焦，烤的时间短了食物又熟不了。"爸爸提醒道。

"那用多少时间来烤这些茄子、玉米和鸡翅才好呢？"刘敏一边用烧烤叉叉食物，一边问。

"茄子要烤5分钟，玉米要烤10分钟，鸡翅要烤15分钟。

所以，你要在15分钟之内把这些食物都烤好。"爸爸给刘敏估算了一下时间。

"现在只有3根烧烤叉，却有1个鸡翅、1根玉米、4片茄子，应该怎么分配时间呢？"刘敏没了主意。

"我给你安排一下。开始计时后，你用3根烧烤叉各叉1个鸡翅、1根玉米、1片茄子同时烤。5分钟后，第1片茄子熟了，再换叉上第2片茄子。10分钟过后，第2片茄子熟了，再换叉上第3片茄子；与此同时，玉米也熟了，换叉上第4片茄子。15分钟过后，鸡翅熟了，第3片茄子和第4片茄子也熟了。"爸爸分析道，"这样，你在15分钟内，完全可以烤好1个鸡翅、1根玉米和4片茄子。"

"太厉害了，爸爸真会算计时间。"刘敏对爸爸佩服得不得了。

"只要你学会算计时间，做好安排，你就能在有限的时间内做更多的事情。"爸爸微笑着说道。

接下来，刘敏按照爸爸的安排，有条不紊地烤起来，她一边翻动食物，一边淋上烧烤油。15分钟过去了，美味的食物也烤好了。

"这个茄子烤得又香又嫩，真是太棒了。"妈妈吃起了茄子。

"味道不错。"爸爸一边尝玉米，一边总结说，"你以后要多尝试用15分钟的时间做完一件事。这样，一个小时你就可以做完4件事情了。如果一天有两个小时用来做事，你就可以完成8件事情，这样做事的效率是很高的。"

"我明白了。"刘敏开心地吃起鸡翅。

在上面的故事中，刘敏要帮爸爸妈妈烧烤食物，爸爸建议她要算好时间，并尝试用15分钟的时间做完一件事，结果刘敏做得很好。

因此，父母应当引导孩子在做事之前学会算计时间，以尽可能做到节省时间。德国文学家、自然科学家歌德说："把时间用得节省些,我很可能把最珍贵的金刚石拿到手。"

那么,父母怎么引导孩子算计时间呢?请参照以下几点执行:

1. 利用计时器记录做一件事所花的时间

孩子在做事的时候,父母可以利用计时器(如电子秒表计时器或智能手机里的秒表)记录孩子做一件事所需要的时间,让孩子明白哪件事情用时较长,哪件事情用时较短,这些事情能不能结合起来做以节省时间。

2. 让孩子尝试在15分钟内做完一件事

孩子在做事时,为了增强紧迫感,可以让孩子尝试在15分钟内做完一件事,让孩子学会倒计时做事。

例如,孩子用树叶粘贴作画,结果贴个没完没了。这时,父母可以打开手机时钟的倒计时功能,设置15分钟的倒计时,然后告诉他:"你如果在15分钟内做完这件事,就有奖励。"孩子听到时钟"滴答滴答"地响起来,时间一分一秒地过去，就会变得紧张起来，马上麻利地把树叶粘贴好，拼成一幅画。

3. 通过眨眼来估算时间

孩子对一秒钟没有什么概念，这时父母可以告诉孩子这样估算：每眨一次眼睛，就有3~5秒的时间流走了。然后告诉孩子要珍惜时间，快速做好自己的事情。

第7章

时间统筹的魅力:在同一时间完成一系列的事情

五一劳动节放假,下午爸爸在家里看书,妈妈则去做美容了。

英英决定给爸爸妈妈一个惊喜——给他们做一顿美味的晚餐。

晚上6点,妈妈回来了,走进厨房,竟发现英英正围着大围裙在炒菜,累得满头大汗。

"英英真是太棒了,既煮了饭又炒好了菜!"妈妈高兴地抱住英英。

"英英虽然热爱劳动,但是她不懂得统筹安排时间,妈妈只要一个小时就能煮好的饭菜,她却花了两个多小时。"爸爸分析道。

"英英,你来说说你煮饭的过程吧!"妈妈说。

"在煮饭之前,我先做了一些准备工作,洗锅、淘米、洗菜、洗碗筷,一切准备就绪之后,我再煮饭,等饭煮好之后,我再炒菜。"英英说得头头是道。

"哈哈,你这个方法不能节省时间。"妈妈开始传授经验,"要是我煮的话,会先洗锅、淘米、煮饭,在煮饭的过程中,洗菜、洗碗筷,饭煮好之后,再炒菜。"

"嘿嘿,妈妈虽然懂得一些统筹时间的方法,但还是没有最大限度地节省时间。"爸爸也不甘示弱,"如果我煮的话,先洗锅、淘米、煮饭,在煮饭的过程中,再洗菜、炒菜,在菜炒好之前,抽空洗碗筷。不出半个小时就有饭菜吃。"

"爸爸好厉害呀!"英英一脸崇拜的样子。

"英英也可以变得很厉害,只要调整一下煮饭、做菜的顺序,就能达到事半功倍的效果。"妈妈最后总结道。

在上述故事中,英英小朋友先做好所有准备再煮饭,煮完饭再炒菜，所以花了较长的时间才完成。其实，她只要统筹安排好时间，调整一下先后顺序，就可以节省更多时间。

我国著名的数学家华罗庚在《统筹方法》中指出："统筹方法，是一种为生产建设服务的数学方法。它的使用范围极为广泛，在国防、在工业的生产管理中和关系复杂的科研项目的组织与管理中，皆可应用。"在文中，他以泡壶茶喝为例，如果要缩短工时、提高工作效率，要抓住烧开水这一主要环节，而不是拿茶叶这些次要环节。因为，人们烧开水需要等待一段时间，完全可以在等待的时间里完成其他环节！

同理，煮饭、做菜也一样，煮饭是主要的环节，英英在等待煮饭的时间里，可以完成洗菜、炒菜、洗碗筷等环节。

那么，父母怎么引导孩子统筹安排时间呢？下面几点值得借鉴：

1. 把要做的事情分解为多个环节，并设法完成主要环节

孩子在做事的时候缺乏统筹和规划的意识，因此常常浪费大量时间。父母要引导孩子把一件事情分解成多个环节，然后

挑出重点环节，先解决重点环节，再解决其他次要环节。

2. 利用好等待的时间，完成一些辅助工作

有些事情的完成需要等待一段时间，父母应该引导孩子充分利用等待的时间完成其他辅助工作。例如：孩子画水彩画，可分为画底稿、上色、晒干、装裱、收拾工具五个环节。其中，晒干这个环节比较费时间，父母可以引导孩子在晒干这个环节，做装裱、收拾工具等其他辅助工作。

3. 让孩子养成收拾的好习惯，以便找东西时不浪费时间

很多孩子做完事情之后，工具就乱丢乱放，等到下次要做的时候，找工具就要费不少工夫。所以，父母要引导孩子养成收拾的好习惯，每种工具都要放在特定的工具箱里。

第7章

让孩子学会安排自己一天的行程

菜市场里,热闹非凡,人来人往。

飞瑶今年12岁了,正在读小学六年级,她周末的时候经常跟爸爸去卖青菜,人也变得十分机灵。

这天凌晨的时候,爸爸把青菜批发给菜市场里的摊主,收了钱就办完事了。

"飞瑶,你还有什么安排吗?如果没有,我们就要回家了。"爸爸问一句。

"当然有了,今天我们可以尝试多卖一些菜,直接卖菜给饭店。这样对大家都好,一是饭店老板不用去菜市场买菜了,

儿童
时间管理
全书

二是我们也可以增加一些收入。"飞瑶分析起来。

"太好了,飞瑶越来越像生意人了,那就从今天开始吧,我这里还剩下一些没有卖完的青菜。"爸爸高兴极了。

"我先制订一个特别的日程表,爸爸要配合我执行。上午的时候,由于很多饭店都没有开门,我们可以先开车到街上逛一逛,记住饭店的地址,并上网查找饭店的联系方式。中午的时候我们再联系饭店老板,谈卖菜的事,谈好了,下午的时候我们就可以送菜了。"飞瑶说出了日程安排。

"不错,有想法。那就试试看吧。"爸爸觉得可以一试。

就这样,爸爸开车在街上转来转去,一看到饭店就停车。飞瑶拿出笔记本迅速记下店面的地址,并上网查找联系方式。一个上午的时间,飞瑶就记下了100多家店面的信息。

午饭过后,爸爸开始打电话给饭店老板,商谈卖菜的事情。虽然很多老板都拒绝了,但是有3个老板同意可以送菜,一个要50斤,一个要80斤,一个要100斤。爸爸高兴极了,由于车上的菜不够分,爸爸又开车回去采摘了更多的青菜来。

第7章

下午的时候，爸爸和飞瑶给3家饭店送完了菜，算了一算今天的收入，居然比平常多赚钱了600多元。

"你的日程安排得太好了，一天的工夫就多赚这么多钱。以后，可以多做这样的安排。"爸爸笑得合不拢嘴。

"还是爸爸配合执行到位，才有这么大成果。"飞瑶很谦虚。

爸爸为了奖励飞瑶，不仅给她多发零花钱，还带她到饭店里吃海鲜，飞瑶吃得美滋滋的，甭提有多高兴了。

在上面的故事中，飞瑶跟着爸爸去卖菜，安排了一个特别的日程表，尝试直接卖菜给饭店老板，结果增加了收入。孩子制作日程表的时候，一定要利用好每一次机会，把要做的事情安排在合适的时间里去完成。

那么，家长要怎样引导孩子制订日程表，合理巧妙地安排时间呢？下面几点建议值得借鉴：

1. 让孩子列出当天要做的事情

日程表，不只包括每日的日程表，还应包括每周的日程表、每月的日程表、每年的日程表等。父母首先要引导孩子做好每日的日程表，再延伸到制订其他日程表。孩子制订日程表的第一步就是罗列出当天要做的所有事情。孩子想到任何一件事情，都要记录下来，孩子想不到的，父母可以做适当的补充。

2. 估算做每件事情需要的时间

孩子制订日程表的第二步就是估算做每件事情需要的时间。例如，孩子估算画画的时间是半个小时，可是他找笔、找橡皮、找纸等就要花10分钟，所以，父母要提醒孩子把准备的时间也算进去。

CHAPTER 8

第8章

劳逸结合,让孩子的课余时间更加丰富充实

孩子做到劳逸结合才能提高生活质量与学习效率，所以父母要引导孩子培养自己的兴趣，探索新鲜事物，让孩子的课余时间变得丰富、充实而有意义。

第8章

培养兴趣，让孩子从中收获快乐

周末，5岁的冰颖被爸爸妈妈带到了农场里。

冰颖看到有很多小朋友正在自由采摘蔬菜，闹着也要去试一试，这正合爸爸妈妈的意。爸爸妈妈为了培养冰颖对动植物的兴趣，经常带她去农场，让孩子近距离接触动植物。

冰颖用手把红萝卜拔起来，结果带出一只小蚯蚓。小蚯蚓扭动一阵子，然后就一伸一缩地爬行，要钻回土里面。

"妈妈，这只蚯蚓要去哪里呀？"冰颖问。

妈妈高兴地答道："当然是要回家了，他的家在土里面。"

"我能抓他回家玩吗？"冰颖伸手要抓蚯蚓。

"不行哟,不要抓它。蚯蚓在土壤里钻孔,这样空气和水分可以通过这些孔道深入土中,使土壤疏松,让植物生长得更加茂盛。你看,这些蔬菜长得这么好,不只因为农民伯伯辛苦施肥浇水,还有蚯蚓的一份功劳呢。"爸爸分析起来。

"哦,太有趣了。"冰颖把手收了回来,"小蚯蚓,你回家吧,我不抓你了。"

当天,在农场里,冰颖认识了很多蔬菜,如小白菜、大白菜等,她还发现了不少虫子,如蚂蚁、毛毛虫等。

爸爸妈妈用手机把这些植物和动物拍了下来,回到家后就让冰颖照着照片把它们一一画出来,还加上一点简要的文字说明。多次去农场玩耍之后,冰颖对动植物越来越感兴趣了。

在上述故事中,冰颖的爸爸妈妈经常带她去农场,让孩子近距离接触动植物,以培养她的兴趣爱好。孩子越感兴趣的东西,他就越愿意花时间去学习、去探索,父母不用督促，孩子也能做得又快又好。

那么，父母怎么发现和培养孩子的兴趣？以下几点值得参考：

1. 父母与孩子共同活动，更容易发现孩子的兴趣爱好

虽然平常工作很忙，但父母可以利用节假日多与孩子共同参加活动，通过活动观察和发现孩子的兴趣爱好。如果父母不喜欢亲近孩子，连亲子关系都很紧张，那么父母就无法走进孩子的内心，也搞不清楚孩子到底喜欢什么。

2. 让孩子主动参加自己感兴趣的活动

如果父母发现孩子经常主动从事某一方面的活动，而且根本不需要父母的督促，那么这个活动可能就是孩子的兴趣所在。

例如，孩子天天拿猫粮喂小猫，给小猫换水，还给小猫梳毛，这说明孩子比较喜欢亲近小动物。父母可以带孩子去宠物医院，让孩子学到更多照顾小动物的方法。

3. 让孩子在兴趣爱好中获得快乐

有些孩子玩起一样东西来，乐此不疲、废寝忘食，难以抑制愉快和激动的心情，这是孩子在享受兴趣爱好带来的快乐。父母不要打断或者破坏孩子的这种快乐心情，而是要引导孩子学会与别人分享他的快乐。

例如，孩子玩小汽车玩具，玩个不停，睡觉也拿着，去幼儿园也玩，回家路上也玩。这时，父母不要没收孩子的玩具，而应引导孩子跟大家一起玩。父母可以对他说："你可以在课余时间跟同学们一起玩，让大家分享你的快乐，但不能扰乱老师的教学工作，也不要影响自己和别人的休息。"

4. 让孩子花更多的时间去坚持做某一件事

如果父母发现孩子愿意花更多时间去坚持做某件事，那么这件事可能是孩子的兴趣爱好。这时，父母不要干扰孩子，而是要给孩子创造条件，让孩子坚持下去，看他能否实现新的突破。

例如，孩子每天晚上都会好奇地注视着天上的星星，并数着星星玩。这时父母可以对他说:"你爱数星星就数吧,遇到不明白的地方就来问爸爸妈妈或去问同学和老师。古时候,有个人叫张衡,他小时候也经常数星星、做研究,长大后就变成了大学问家,还发明了浑天仪,那是古代用来演示天象的仪表。宝贝加油!我们都支持你。"

在家里营造氛围，让孩子陶醉在自己感兴趣的事情中

秀秀是个6岁的女孩，由于她比较喜欢花花草草，所以妈妈在阳台上给她种了不少花，让她整天陶醉在她的"空中花园"里。

有一天，秀秀正在阳台上玩耍，突然高兴地叫起来："妈妈，开花了，开花了！"

"你知道这是什么花吗？"妈妈微笑地看着秀秀，问道。

"不知道。"秀秀摇摇头。

"这是鸡蛋花，你可以观察一下，它外面的花瓣是白色的，中间的花蕊是黄色的，就像鸡蛋一样，外面是蛋白，里面是蛋黄。"妈妈解释道。

"咦，真的是这么回事！"秀秀捏着鸡蛋花观察起来。

第8章

"除了花朵之外,你还可以观察到其他东西。"妈妈提醒道。

于是,秀秀端来小凳子,认真地观察鸡蛋花。她发现,有一队蚂蚁从鸡蛋花的根部不停地向上爬行。

"妈妈,鸡蛋花上有蚂蚁!"秀秀激动不已,马上用放大镜观察,"这是一些黑色的蚂蚁,身体分为3节,头部有2根长头发,躯干上长着6条腿,后面还拖着个大肚子。"

"不错,你观察得很仔细!不过,那不是蚂蚁的头发,而是它的触须。"妈妈边说边引导,"这些蚂蚁爬上来要做什么呀?"

秀秀看到很多蚂蚁把鸡蛋花的花瓣咬碎,然后搬回洞里去,兴奋地叫起来:"我知道了,原来蚂蚁们要去偷鸡蛋花的'蛋黄'!"

"是呀,黑蚂蚁的食性很杂,它们特别喜欢糖类和水果类的食物。现在鸡蛋花开了,又香又甜,所以黑蚂蚁群就派出工蚁来搬花蜜、咬花瓣回去给蚁后享用,好让蚁后生出更多的蚂蚁宝宝!"妈妈解释道。

"您为什么知道得这么多呀？"秀秀问。

"我也是通过学习和观察才知道的，有时候光学习书本的知识是远远不够的，还需要结合自己的观察。"妈妈回答说，"只要认真观察你感兴趣的动物、植物，长大了你就可以成为这方面的专家。"

"那我长大了要成为花卉专家和昆虫专家。"秀秀高兴地叫起来。

"太棒了，你只要有了这个兴趣爱好，那么你的课余生活就会变得丰富多彩。"妈妈微笑着说道。

在上述故事中，秀秀比较喜欢花花草草，所以妈妈在阳台上给她种了不少鸡蛋花，并且一步一步引导她通过学习和观察来获取更多知识。

父母在家里应该多安排一些活动，以引导孩子的兴趣爱好。苏联著名教育实践家和教育理论家苏霍姆林斯基说："儿童的时间应当安排满种种吸引人的活动,做到既能发展他的思维,丰富他的知识和能力,同时又不损害童年时代的兴趣。"

那么,父母怎么引导孩子的兴趣爱好呢?请参考以下建议:

1. 从孩子的兴趣出发,给孩子营造陶醉的氛围

父母首先要从孩子的兴趣出发,给孩子营造值得陶醉的氛围、值得沉浸其中的环境。

例如,孩子比较喜欢玩工程车玩具,父母可以在家里设计一处小沙丘,让孩子模拟"总工程师",同时指挥着装载机、平地机、压路机、挖掘机、推土机、摊铺机等玩具展开"工程作业"。让孩子在课余时间玩个够,并从中学到书本上没有的知识。

2. 从父母的职业出发,给孩子营造角色扮演的氛围

父母还可以从自己的职业出发,给孩子营造角色扮演的氛围。很多孩子的模仿能力很强,他们完全可以模仿父母处

理一些事情。

例如，爸爸是摄影师，就可以带孩子一起外出采风，引导孩子观察大自然的美，教孩子基本的拍摄技巧。

3. 从学校的布局出发，给孩子安排学习的氛围

父母还可以从学校的布局出发，给孩子安排学习的氛围。

例如，父母在家里摆上几张学习用的桌子、讲课用的小黑板以及放书本的书架。孩子可以在家里模拟上学的场景，父母要配合孩子完成相关课程，让孩子在玩中学、学中玩。

4. 从家族的传统出发，给孩子营造传承的氛围

有些家族有优良的传统，为了传承这些优良的传统，父母要给孩子创造机会，让孩子多接触、多传承这些传统。

例如，有的家族世世代代精通根雕，也开古董古玩店。当父母在挑选树桩、雕刻茶几、买卖古董的时候，尽量带着孩子去"掺和倒腾"。通过长期的耳濡目染，孩子也能学到不少知识，甚至会有"青出于蓝胜于蓝"的效果。

第8章

依据学校的课程安排,给孩子制订假期日程表

磊磊是6岁的小男孩,是阳光小学一年级的学生。自从放暑假以来,他天天都在玩游戏。爸爸下班刚走到家门口,就听见磊磊玩电子游戏的嘈杂声响。

"今天的暑假作业做完没有?"爸爸有点生气地问道。

"哦……这个嘛……"磊磊支支吾吾起来。

"你一点也没有做!就知道玩游戏。"爸爸翻开暑假作业,发现今天的作业磊磊都没有做。

"别玩了。爸爸给你制订明天的日程表,以后你要照着日程表来执行。如果不执行的话,我就把你的游戏手柄锁起来。"爸爸要动真格了。

"不要锁起来。"磊磊抓着游戏手柄不放。

"你明天的日程表就是,上午做两页暑假作业,中午正常午休,下午可以玩半个小时的游戏,然后跟妈妈出去锻炼身体,晚上看1个小时的课外书。你觉得怎么样?"爸爸跟磊磊商量。

"怎么玩游戏的时间这么少?"磊磊有点不开心。

"我这依据的是学校的课程安排,你学习基础本来就差,如果不做暑假作业,不安排多一点的时间复习和预习,那么下个学期回到学校里你就跟不上学习进度了。"爸爸苦口婆心地说道。

"好吧。"磊磊勉强同意了。

第二天,磊磊起床后发现爸爸已经去上班了,就想先去玩游戏,没想到,游戏手柄不见了,只见电视上贴着一张小纸条。上面写着:"游戏手柄已经锁起来了,钥匙在妈妈那里,只要你老老实实地执行日程表,就可以玩游戏放松一下。"

没办法,磊磊只能认真执行日程表了。第二天爸爸又给磊磊制订新一天的日程表，每一天游戏和学习的时间都有所不同。磊磊也渐渐喜欢上了这种日程表，因为日程表让他的暑假生活变得张弛有度、丰富多彩。

等暑假结束时，磊磊不仅做完了暑假作业，复习和巩固了所学的知识，还预习了不少下学期要学习的内容。

在上述故事中，磊磊在暑假开始的时候天天玩游戏，差点荒废了学业，随后爸爸给他制订了暑假每天的日程表，让他做到学习和游戏两不误。孩子天性爱玩，如果没有制订好日程表，将会荒废大把宝贵的时间。因此，父母要引导、帮助孩子制订假期日程表。

那么，孩子的日程表主要包括哪几个方面呢？下面几点建议值得参考：

1. 配合学校的教育，提高孩子的学习能力

还没上学的孩子以学会自理为主，上学的孩子以学习为

主，所以父母要配合学校教育来制订孩子的日程表。孩子的日程表不同于作息表，作息表一般是长期执行、每日固定不变的时间支配表；而日程表则指孩子某一天的时间支配表。日程表可以每天都有不同的内容，但是作息表要保持基本一致。

2. 积极锻炼身体，拥有健康的体魄

孩子的日程表中要安排锻炼身体的内容，因为孩子正处于快速成长的阶段，充足的体育锻炼是少不了的。

如今，孩子上学、放学大都乘坐交通工具，孩子锻炼只能靠学校的体育课，这明显是不够的。父母可以在晚饭之后，带孩子在小区里散步，然后利用公共体育器材做一些锻炼活动。

3. 培养孩子的个性品质

孩子的日程表中还可以安排一些培养孩子个性的内容。例如，父母可以在孩子的日程表里增加一些上兴趣班的内容，如游泳班、美术班、武术班、小提琴班等。这些兴趣班不仅能开阔孩子的视野，还能培养孩子不同的兴趣和良好的个性品质。

第8章

节假日的日程可轻松些

在温泉度假村,有一座人工仿造的火山,底下流出汩汩的温泉,很多人都来这里泡温泉。有的游客裹着浴巾走来走去,有的游客躺在温泉池中。

这一切都被慧芹看在了眼里,因为她与家人住在度假村的山顶酒店里。慧芹是个9岁的女孩,已经读完三年级了,现在放暑假,她就跟着父母出来度假。

"慧芹你在看什么呢,快点给大家安排今天的日程吧,要不然一天又在睡觉中度过了。"爸爸叫起来。

"好的,我这就安排,有什么不好的地方,请爸爸妈妈再帮我调整。"慧芹拿来了客房里的笔记本和旅游项目单,"今天我要安排大家去泡温泉。"

"太好了，温泉里的矿物质对身体好呀。"妈妈有点激动地说道。

就这样，慧芹在笔记本上"唰唰"地写了起来。

"给我看一下。"爸爸拿过日程安排，吃惊地说，"今天要玩这么多项目，能玩得了吗？上午做全身保健按摩、鱼疗，中午做光波浴、香熏，下午泡地热温泉和中草药温泉，晚上在室内泳池游泳……"

"感觉这个日程表安排得过于紧凑了。"妈妈也觉得有必要调整一下。

"慧芹，你可以把日程表安排得轻松一些，一天只安排一两项重要的活动就行了，因为现在大家是在度假，度假要有度假的心态。"爸爸提议道。

"好吧，我再改改。"慧芹拿过笔记本，"唰唰"地划掉了不少游玩的项目，"上午鱼疗，下午泡地热温泉，其他

第8章

时间自由支配。"

"太好了。那我们出发吧。"爸爸裹好了浴巾要前往鱼疗池。妈妈和慧芹也做好了准备。

很快他们来到了鱼疗池。慧芹发现水里游着3厘米的小鱼,当她把双脚踏进去时,这群小鱼就游过来吸啄她的皮肤,让她有既微痒又惬意的感觉,她还跟小鱼玩捉迷藏呢。

午觉过后,慧芹他们又慢悠悠地来到地热温泉池。慧芹一下水,水面马上冒出很多水泡,水汽蒸腾,还弥漫着浓浓的矿物质味道。他们泡得舒服极了,差点要睡着了。

事后,爸爸和妈妈都夸慧芹的日程安排得很好,很休闲,也很尽兴。

在上述故事中,慧芹原本的日程表安排得过于紧凑,后来爸爸建议轻松一点,安排一两项重要的活动就可以了。于是,慧芹在一天之内只安排了鱼疗和泡地热温泉,让大家玩得很悠闲。

孩子在安排日程表时，要学会合理利用时间，"短则短过，长则长过"。

那么，父母怎么引导孩子完善日程表呢？以下几点值得一试：

1. 当时间不多时，执行紧张版日程表

当所剩的时间不多时，父母要引导孩子执行紧张版日程表。这个日程表可以精准到小时，也可以精确到每一分钟。

2. 当时间宽裕时，可制订轻松版日程表

当孩子可以支配的时间较为宽裕时，父母要引导孩子执行轻松版日程表。这个日程表可以粗略地安排为上午、下午、晚上三个时间段，让孩子拥有更多的调整空间。例如，孩子去农家乐游玩，如果还是像作息表那样安排日程表，精细到每个小时、每一分钟，如上洗手间5分钟，吃饭30分钟，等等，搞得大家很紧张。这时，父母可以引导孩子安排一个轻松版的日程表，如上午摘果子，下午收青菜，晚上就煮菜吃。

3. 评估和调整一些必要的事情

孩子在制订日程表后，可以对罗列出来的事情进行必要的评估与调整，有些事情可以删减或增补，有些事情可以延期或提前，有些任务也可以考虑减少或增多。

4. 突出重要的安排，删除不必要的安排

在孩子的日程表安排中，针对重要的安排，可以打上"★"，对不必要的安排可以删除或者延期。

例如，孩子去北京旅游，当天的重要安排是去看天安门广场的升旗仪式，那么原本安排的酒店自助早餐就可以取消，因为父母要保证在早上升国旗之前，孩子能及时赶到天安门广场。

在零碎时间里，教孩子做一些有意义的事情

"五一"小长假，兰兰和爸爸妈妈坐着高铁去旅行。

"什么时候才能到呀？好无聊啊！"兰兰托着下巴问。

"无聊就吃点零食呗！"爸爸准备打开一袋零食。

"不能老是吃，我们得教孩子做点有意义的事情！"妈妈提醒道。

"好。那我们做什么呢？"爸爸问道。

"你们看窗外的风景多美呀，不如我们把沿途的风景画下来，比一比看谁画得又快又好。"妈妈指着窗外说道。

"太好了，爸爸，帮把我的画笔拿出来！"兰兰激动地

叫起来。

"没问题!"爸爸站起身,从行李架上把背包取下来,并拉下餐桌,给大家准备好画板。

"画什么呢?"兰兰望着窗外,发现自己还没有来得及注意观察景物,景物就"嗖"的一声退到后面去了。

"看到了吧,画这种画需要的是'迅速捕捉'的能力。因为我们正坐在高速行进的高铁上,所以要快速观察,快速捕捉画面,再结合自己的想象力才能把画画好。"妈妈侃侃而谈起来。

"哎,有了,我要画那座村庄,山腰上有很多房子,都是用红砖盖的,屋前屋后还种着各种各样的蔬菜!"爸爸得意地说。

"我要画天空,天空上飘着朵朵白云,还有一架飞机迅速地飞过,好像要跟高铁比速度。"妈妈也想好了要画什么。

"你们这么快就找到画的东西了。"兰兰紧张起来,"可我还没有找到东西画呢。"

"别急,你看前面有一个大池塘,里面有很多白色的鸭子,它们在无忧无虑地游来游去。这不就是很好的画面吗?"妈妈提醒道。

"对呀,我就画一幅《鸭子戏水图》。"兰兰脸上绽开了快乐的花朵。

就这样,兰兰在高铁上与爸爸妈妈展开风景画比赛,为无聊的旅途增加了不少欢乐!

在上述故事中,兰兰一家人坐高铁去旅行,在妈妈的建议下开展了画画比赛,在零碎的时间里做了很有意义的事情。"中国现代数学之父"华罗庚说:"时间是由分秒积成的,善于利用零星时间的人,才会做出更好的成绩来。"孩子等车等人的时间、旅行时坐车的时间、上学放学路上的时间等,都是零碎时间,只要他们利用好这些时间就能获得意想不到的效果。

那么,父母如何引导孩子利用好自己的零碎时间呢?以下几点值得参考:

1. 引导孩子利用零碎时间学习课本里学不到的知识

很多孩子在自己的零碎时间里,要么无聊地呆坐,要么玩手机游戏,其实父母可以引导孩子学习一些课本里学不到的知识。

2. 让孩子利用零碎时间放松一下

学习之余,父母可以让孩子利用零碎时间来放松一下,比如听听歌,做一做保健操,在屋里活动一下,等等。

3. 引导孩子利用零碎时间"做好准备"

机会总是留给时刻准备的人。所以,父母要引导孩子利用零碎时间"做好准备",随时随地以良好的精神面貌投入各种竞赛当中。

4. 让孩子利用零碎的时间与周围的朋友交流

一个人有一种思想,相互交换后头脑里就有两种思想。父母可以引导孩子利用零碎时间多与身边的朋友讨论问题,对一些知识进行深入的交流与探索,最后就会得出较为深刻的结论。

告诉孩子父母不在时怎么安排时间

中秋节的晚上,聪聪坐在院子里,他托着腮出神地望着天空上的明月,似乎看到爸爸和妈妈微笑的脸庞。以前过中秋节的时候,聪聪都是跟爸爸妈妈一起过,可是今年爸爸妈妈都要值夜班,只有奶奶陪着他。

"聪聪,快点进来吃月饼吧。"奶奶在客厅里叫道。

"等下,我在看月亮呢!"聪聪头也不回。

"不要太难过,明天晚上爸爸妈妈回来了,就可以陪你赏月了。"奶奶看出了聪聪的心思。

"奶奶,我不是难过,只是没有爸爸妈妈在身边,我突然不知道要做什么。"聪聪小声说。

第8章

"哦,对了,你爸爸上班前给你留了一张纸条,就放在你的书包里,你快拿出来看看。"奶奶拍着额头,突然想起这件事。

"什么纸条?"聪聪边说边去书包里翻找,结果真找到了一张纸条。

纸条上面写着:"聪聪,今晚爸爸妈妈不能陪你过中秋节了,你自己给自己安排节目吧,比如以前我们经常玩的'水中花,镜中月'的游戏。"

聪聪看完纸条,马上兴奋地叫起来:"奶奶,快拿一碗水、花瓣和镜子过来,我要开始表演节目了。"

很快,奶奶就给聪聪准备好了一切。

聪聪等碗里的水"平静"下来后,就小心翼翼地拿起花瓣,放到水面上。这时出现了神奇的一幕,花瓣漂浮在水面上,在月光的映照下,碗底出现了闪着幽光的花影……

"奶奶,你看到没有,这就是水中花,漂亮吧?"聪聪叫起来。

奶奶笑着说:"漂亮,聪聪真厉害!"

聪聪说完就把镜子平放在桌子上,然后从不同的角度看镜子里的月亮:"这样看月亮就不用抬头了,哈哈……"

就这样,聪聪靠着一碗水、花瓣和镜子过了一个快乐的中秋节。

在上面的故事中,爸爸妈妈不在家,聪聪原本不知道怎么过中秋节,后来看了爸爸留的纸条,才懂得可以玩"水中花,镜中月"的游戏,最后快乐过节,冲淡苦闷。

当父母不能陪在孩子身边的时候,请告诉孩子怎么安排节目、怎么玩耍,让孩子每个小时都有活动。捷克教育家与哲学家夸美纽斯说:"时间应分配得精密,使每年、每月、每天和每小时都有它的特殊任务!"

那么,父母怎么引导孩子安排好属于自己的时间呢?可以参考以下几点进行：

1. 引导孩子进行发明创造

平时父母很忙，孩子待在家里也不知道做什么有意义的事。这时，父母可以引导孩子做一些小小的发明创造。

2. 让孩子快乐地走到户外，去体验美丽的大自然

如果孩子不愿待在家里，父母也没有时间陪孩子，可以让孩子参加夏令营或者冬令营，让孩子跟着队伍快乐地走到户外，去放飞心灵，领略美丽的自然风光。

3. 教孩子写日记，并养成记录时间的好习惯

父母不在孩子身边，孩子不知道做什么，对此，父母可以教孩子写日记，让孩子养成记录时间的好习惯。例如，父母可以给孩子准备笔记本，让孩子记录一天中在什么时间做了什么事。

4. 让孩子自主选择安排时间

在时间安排上，有两种安排方式：一种是父母安排好时

间让孩子按计划去执行，另一种是孩子自主安排时间。服从性强的孩子可以由父母安排时间，个性较强的孩子可以自主安排时间。总之，父母要让孩子选择一种他觉得合适的时间安排方式。在孩子执行的过程中，父母可以不时抽空检查孩子执行的情况，帮助孩子分析和解决他所遇到的问题。